ENTREPRENEURIAL
FINANCE

创业融资2.0
实战与工具

吴 伟 ◎著

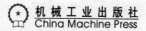

机械工业出版社
China Machine Press

图书在版编目（CIP）数据

创业融资 2.0：实战与工具 / 吴伟著 . —北京：机械工业出版社，2018.2

ISBN 978-7-111-59006-4

I. 创… II. 吴… III. 企业融资－研究 IV. F275.1

中国版本图书馆 CIP 数据核字（2018）第 014161 号

　　本书手把手教创业者融资，从融资的基础知识入手，向创业者介绍了企业股权的入门知识，投资人的投资逻辑，如何撰写商业计划书，如何建立具有可爆发性的商业模式，如何进行融资路演，知名的 FA 机构，融资成功的创业案例。本书为创业者提供经验借鉴，希望创业者可以借助外力加速自己的融资，降低融资的门槛，使融资更加容易。

创业融资 2.0：实战与工具

出版发行：机械工业出版社（北京市西城区百万庄大街 22 号　邮政编码：100037）

责任编辑：李　菡　　鲜梦思

责任校对：殷　虹

印　　刷：三河市宏图印务有限公司

版　　次：2018 年 3 月第 1 版第 1 次印刷

开　　本：147mm×210mm　1/32

印　　张：6.25

书　　号：ISBN 978-7-111-59006-4

定　　价：49.00 元

创业创新逐渐成为中国文化的一部分，也是国家大力支持的。但是，不是所有人都适合创业，也不是所有创业的人都懂得如何有效地开创自己的事业，特别是关于融资。这本书从不同角度，深入浅出地为你解答创业准备期中的各种问题，让你更加有效地筹划你的创业之路。向大家推荐！

丰厚资本创始人　吴智勇

作为一名投资人，我每天都会收到大量的商业计划书，透过商业计划书，可以看到创业者的热情和执着。但是创业不仅需要热情，更需要商业化的头脑，很多商业计划书无法向投资人展示项目的商业可行性。吴伟总结他多年的教学经验，出版了这本书，帮助创业者正确地撰写商业计划书。我推荐早期创业者认真阅读，掌握撰写商业计划书这一创业者的必备技能。

老鹰基金创始人　刘小鹰

作为万国体育的总裁，也是和同资本的合伙人，可以说我有双重身份：既是创业者也是投资人。在十几年的创投生涯中，我感到创业者一个共通的问题是不知道怎样找到最适合自己的投资人，拿到最合适的资本。吴伟的这本书就是在帮助创业者解决这个大问题，我向各位创业者推荐这本书。

万国体育总裁　张涛

吴伟先生始终奋斗于创业服务一线，通过在业内长期的潜心积累与沉淀撰写了本书。创业是一条充满荆棘挑战的道路，借鉴前人的点滴经验可以节省大量的时间，这也是宝贵的财富，希望每个具有匠心精神的创业者能够站在前人的肩膀上高效地成长，为社会创造价值。

星瀚资本创始人　杨歌

融资就是一次缜密的相亲过程，要想获得芳心就要有所准备，整齐的着装、真诚的内心和惊喜的礼物缺一不可。

黑蝶资本创始人　孟凡

吴伟与我认识多年，这些年，他一直从事与创业者沟通相关的工作，成功帮助了许多优秀的创业者，我们之间也有过不少合作。这本书是吴伟的悉心之作，其中有大量有价值的内容，希望能对你的创业过程有所帮助。

清科创投执行董事　丁康

大多数初次创业者并不了解投资人，商业计划书不能扼要充分地表达项目。吴伟是非常优秀的创业导师，这本书很棒，完全可以作为初次创业者的融资教科书。

梅林资本创始合伙人　文迪

创业者都要找方向、找人、找钱。吴伟组织过很多次融资路演，有几次是在我们创客总部举办的，他对投资人和创业者都比较了解。他把这些年的经验总结出书，以便帮助更多创业者提高融资效率，这是一件大好事。

创客总部合伙人　陈荣根

创业艰难，想拿投资人的钱更难，难的挠头的时候，本书或许能给你带来新的希望。

上海厚禄投资有限公司副总裁　钟琪

吴伟是我多年的好朋友，也是老同事。在早期项目辅导方面，我认为他是比较专业的，可以帮助创业者尽快了解投融资流程，梳理出清晰的商业计划书，并推荐适合的早期投资人。

天鸽互动投资总监　秦保华

每年，全国有四五百万家新企业诞生，但是能够获得投资的大约只有 5000 家。（准确地说，是拿到投资之后公布出来弄个大新闻的企业差不多有 5000 家。即使如此，那些拿到投资不说、闷声发大财的企业估计也不会超过 5 万家。）总之，拿到融资的企业比起雄心勃勃准备创立一番事业的企业少之又少，是什么阻碍了梦想的实现呢？

很多创业者问过我相同的问题：为什么我的项目很难融资，为什么投资人看不上我的项目？

这个问题的答案是显而易见的，上面的数字已经说明了一切：500 万家新企业诞生，只有 5000 家融资成功，融资成功率差不多千分之一，你说难不难？

很难，对吧。

但是要我说，一点也不难！很多创业团队经过我的辅导很快就拿到了融资。你觉得难，是因为你还不知道投资人喜欢什么样的创业项目。而本书就是要告诉你：投资人是怎么看待创业项目的，以及你应该怎样去融资。

|目|录|

第一章

是什么让你感到融资困难

在你融资的时候，有没有觉得融资好困难啊：去找谁融资？为什么他会给我钱？我需要准备些什么？穿什么样的服装？发型重要吗？这些疑问是不是在你脑海中一遍遍闪过，你的脑海里充满了各种问号，最后化成一个大大的惊叹号：好难啊！

现在开始，你不用感到融资困难了，因为我会一步步地告诉你如何去搞定投资人，帮你融资成功。这一章，我先来分析一下阻碍你成功融资的主要原因。

第一节　你现在应该融资吗

随着李克强总理将"大众创业万众创新"写入政府工作报告，中国进入了"第三次创业浪潮"。在这次浪潮中，一方面创业者风起云涌，纷纷摩拳擦掌加入时代的洪流；另一方面，投资人也不遑多让，无论是否有投资经验，无论是否经过专业的投资训练，只要手里有个几百万元的闲钱，都敢自称为"天使投资人"。一时间，投资人遍地走，两页纸搞定几百万元不再是神话，"融资"仿佛成了创业的标配选项。一提到创业，首先想到的就是融资。

可是，你现在到底是否应该融资呢？

在回答这个问题之前，我先要问问你：融资到底是什么？

按照某知名百科的定义：融资（financing）是一家企业的资金筹集的行为与过程。

从这个定义看，创业似乎就必须要融资：既然融资是为企业筹集资金，而创业企业又没钱，那么创业后立即融资就是再合理不过的选项。

但是，且慢！

这个定义只是教科书上的定义，尽管没错，但是放到实践里却常常被撞得满头大包。

那么到底什么是融资？实践给我们的定义是：融资是一次买卖的过程，买卖的标的物不是普通的商品，而是企业的股权。融资，本质上就是企业的所有者把手里的股权按照双方商定好的价格卖给投资人的过程。

所以，现在请你合上书本，在脑中想象这样一幅画面：你，一个创业者，坐在某个知名连锁咖啡屋的一张桌子前，紧张地来回搓手，神色惴惴不安；你的对面坐着一位西装笔挺的投资人。他像香港警匪电影中的老大一样，扶扶墨镜对你说："股权带来了吗？"你兴奋地拿出一个手提箱，打开箱盖。投资人向箱子里望了一眼，满意地笑了。现在轮到你发问了："钱，带了吗？"投资人也拿出一个手提箱，里面铺的是满满的美元或者人民币。你们交换了手提箱，然后各自消失在夜色中。

如果融资从一个抽象的概念变成了一个如此具体的场景，你就会发现，"该不该融资"这个问题便没那么简单了。

首先，既然融资是买卖股份，你——创业者，企业的第一个所有者，希望出让你手中对企业的所有权吗？

融资，并不是资金单向地进入企业，还有反向的股份流出，这是一个对流过程。股份，对于企业所有者而言，意味着对企业的所有权、控制权和收益权。你是否愿意把这些可以长久行使（只要企业没有倒闭就可以一直行使）

的权利出让一部分，换取眼前的、花了就没有的现金呢？一旦出让了，你不仅要损失自己的一部分权利，更重要的是，这个后加进来的人将成为受国家法律保护的、你的企业的控制人之一，他有法定的权利来影响企业的进程和发展方向。例如，董事会投票时他可能有一票，重要的公司决议需要他签字，未来新的股东加入需要他同意。面对这些可能带来的掣肘，你做好准备了吗？

你可能已经对上面的各种情况做好了准备：不论怎样，企业没钱是不行的，所以无论如何也要出让权利换取资金。

很好，你已经做出了关于融资的最重要的一个决定！下面，就是一些细节问题了。

其次，你想好出让多少比例的股份，换取多少资金了吗？可能你会说："越多越好啊！"

面对这样的答案，我有两个消息要告诉你：好消息是，你是一个合格的商人，总是想着把商品卖出最高的价格；坏消息是，投资人是一个比你还狡诈贪婪的商人，他时刻想着用最低的价格收购你的股份。所以，最终的结果既不是你希望的越多越好，也不是投资人希望的越低越好，而是一个你们达成共识的价格，这个价格，我们就称为"估值"。学会为自己的项目估值，是创业者决定开始融资之后要做的第一件事。

再次，当你把公司的估值搞定，也确定了出让比例时，还要继续考虑以下这些严肃的问题。

你的股权结构是怎样的？你的合伙人之间是怎样分配股权的？新进入的投资人应该怎样分配股权？你有多少个股东？你的股权结构有利于扩展和再融资吗？你给未来的高管留了足够的期权吗？

最后，非常好，你已经把一切细节想得很透彻了，那么现在我们万事俱备，就差一个投资人了。所以，你打算用怎样的谈判策略去说服投资人？

你看，融资就是这么简单，只要你能把一切都想清楚。

第二节　企业估值

根据某个著名的百科，所谓企业估值就是：着眼于企业本身，对企业的内在价值进行评估。

这句话实在太绕口了，恐怕读完了你也不知道在说什么。秉持实用主义至上的原则，我用一句白话来解释一下企业估值的定义：所谓企业估值，就是给你的企业股权定个价格。

企业估值、融资数额和出让股权比例之间有这样的关系：

$$融资数额 = 企业估值 \times 出让股权比例$$

反过来也成立：

$$企业估值 = 融资数额 \div 出让股权比例$$

比如你准备融资 500 万元，出让企业 10% 的股权，那么这就意味着你的企业在你心目中的价值为 5000 万元。

真棒！鼓掌！你现在是个身价上千万的千万富翁啦！

但是，且慢！

且不说你能不能融到 500 万元，也不说你出让 10% 的股份是不是合理，我只问一句：凭什么你说你的企业值 5000 万元，就是 5000 万元呢？如果投资人就认为你的企业只值 1000 万元呢？难道你要撒泼打滚、痛哭流涕吗？请记得，资本不相信眼泪。

这就牵扯到了一个重要的概念：估值方法。

也就是说，当你给自己的企业估值时，我们需要用一个大家都承认的方法来进行计算，然后得到一个大家公认的数额，这才是你和投资人进一步谈判的基础。

对于天使阶段的创业企业，常见的估值方法有 4 种。

1. 盈利倍数法。如果你的企业有盈利，那么用你的年盈利乘以一个倍数就是企业的估值，这个倍数一般是 30。比如你去年盈利 100 万元，那么你的企业估值就是 3000 万元。

2. 收入倍数法。如果你的企业没有盈利，但是有收入，那么用企业的年收入乘以一个倍数就是企业的估值，这个倍数一般是 8～10。比如你去年流水 200 万元，那么企业的估值就是 1600 万～2000 万元。

3. 资产价值法。这种方法就是把你企业值钱的东西一个个算出价格，然后加起来。比如有一栋房产，值 1000 万元；两个发明专利，值 500 万元；100 台服务器，值 300 万元；4 个技术大牛，值 800 万元。那么公司估值就是 2600 万元。这里面，技术大牛是人力资产，主要靠人才市场上同类人才的价值评估。

4. 市场惯例法。市场上同类型企业习惯上被估值多少，你的企业就被估值多少。比如说，对于一家成立 1 年、10 人左右的、拥有几万名 C 端用户的互联网企业，资本一般估值在 2000 万～5000 万元，那么你的企业去融资时，也差不多就是这个价格了。

非常好！方法非常清晰：这样一算，看来你的企业估值应该是……

等等！

你的企业成立 1 年，七八个员工，2 万名 C 端用户，去年流水 300 万元，但是为了冲流水采取了"低价＋补贴"策略，所以盈利为 10 万元，也没有什么大牛和专利，固定资产只有几台电脑。按照我的估值方法：盈利倍数法，我的估值为 300 万元；收入倍数法，我的估值为 5000 万元；资产价值法，估值几乎为 0 ；市场惯例法，估值结果为 2000 万元。这不同方法之间，估值差太多了吧？难道是计算错误，还是估值方法错了？

你的计算没有错，我的估值方法也没有错，你的企业估值就是在 0 ~ 5000 万元之间。

什么？ 0 ~ 5000 万元！那还要什么方法，不就是闭着眼睛瞎蒙吗？

是的，你有这样的疑问很正常，因为我有点儿心急，光顾着讲估值的方法，却没有告诉你融资的环境。刚才咱们说了，融资就是股权买卖。但是买卖和买卖不同，有些买卖是在超市里做的，有些买卖是在农贸市场里做的，而融资这笔买卖就是在农贸市场里做的。

农贸市场和超市有什么区别呢？超市是明码标价，该多少钱就是多少钱；农贸市场是能砍价的，所谓漫天要价，就地还钱。而股权买卖就是这样：企业估值（意味着融资额度）是投资人和创业者讨价还价确定下来的，而讨价还价是要有依据的，不能撒泼打滚、涕泗横流。所以，这4 种估值方法就是创业者（以及投资人）对企业估值的依据，创业者自然会尽量选择结果高的估值方法，投资人自然会选择结果低的估值方法，最终双方综合考虑所有的估值因素后，达成一个统一的估值价格（如果能够达成统一的话）。

所以，不同的估值方法，结果相差甚远，但是这恰恰也为投融双方的谈判提供了空间。

那么，有没有绝对准确的估值方法呢？说起来，也是有的。而且双方也没有太多讨价还价的空间，但是只对上市公司有意义："每股价格 × 总股本"得出的市值，就是对一家公司最准确的估值。

对于创业团队来说，这种估值方法毫无意义。所以，我们可以比较有把握地说，所有的估值都是谈出来的。

第三节　融资过程中碰到的那些"黑话"

在融资的过程中，创业者会经常从投资人那里听到两句话，这两句话出现的频率非常高，以至于成了投资界的"黑话"。

第一句话是：我们研究研究吧。

第二句话是：你先跑跑数据看吧。

很多创业者听到这两句话后觉得融资成功就在眼前：既然投资人在开会研究，那我们就等着研究结果呗；既然投资人让我跑跑数据，那我就加紧马力去跑呗。

但是，你可能不知道，这两句话并不是你以为的那样，这两句话的真实意思是：我们不投了。

"什么？既然你不打算投我，为什么不直接告诉我呢？为什么还要用这么隐讳的话回复我呢？耽误我的时间，浪费我的热情！"相信创业者听到了这样的真相，一定愤怒无比。

放轻松，我来给你讲讲为什么投资人要如此委婉地拒绝你，其实人家也是怕伤害你脆弱的心灵。当然了，这是次要原因，主要原因是：万事留一线，日后好相见。

我常常开玩笑说，投资这个行业是一个最没有骨气的行业，这个行业是个一路被吓大的行业。有太多的创业项目，早期看起来没什么希望，但是就做起来了；而有更多项目，早期看起来没问题，但是就生生地做死了。

比如当年王兴做"饭否"，怎么看都很有前景。因为国外有 Twitter 的成功案例，王兴又有做"校内网"的成功经验，商业模式合理，团队结构合理，产品经过市场验证。你说，如果你是投资人，你会不会觉得挖到了一个"大金矿"？结果，有关部门一纸禁令，"饭否"就生生地被"服务器检修"停止访问了。等"饭否"服务器恢复正常时，新浪微博（后正式改名微博）如日中天，"饭否"只能问：

尚能饭否？

再给你举个例子。2012 年程维做"滴滴出行"（当时叫"滴滴打车"）的时候，投资界普遍不看好，原因很简单：智能手机普及率太低。当时中国智能手机用户只有 2 个亿，就是说每 7 个人里才有 1 个人用智能手机，还主要集中在高收入人群中。而打车软件最关键的使用人群——出租车司机绝大部分还在使用功能机。对于创业公司来说，最大的忌讳就是教育市场：你要求那些使用功能机的出租车司机先花上大几千元换一部手机，再每个月花几百元的流量费用一个还不知道有没有效果的 App，这可能吗？

但是谁能想到：①智能手机在中国高速发展，价格一降再降；② 2013 年，微信发布了支付功能，但是找不到支付场景，此时，它突然发现了打车软件；③ 2014 年，4G 市场在中国正式启动并迅速普及。

后面的事情大家都知道了，阿里、腾讯为了争夺支付入口拼得如火如荼，主战场就是打车软件，双方不计成本地疯狂补贴，不仅补贴乘客，更补贴司机。司机只要使用打车软件，一个月就能收入过万元。在如此巨大的利益面前，花一两千元甚至几百元买一部智能手机的成本也是可以接受得了的。一方面，有巨头的疯狂补贴；另一方面，购机成本越来越低，网络越来越快，网费越来越便宜。

如此多的因素叠加在一起，造就了滴滴出行这家独角兽企业。

可是，现在回想起来，那 3 个决定滴滴出行胜出的关键因素，哪一个都跟滴滴出行本身没多大关系，也不是在滴滴出行创立时投资人可以预测到的。

我现在觉得你能行，你很可能做砸了；我现在觉得你做不成，说不准以后你就真成了。有句话说："现在对我爱理不理，以后叫你高攀不起。"投资行业最怕的就是这句话。投资人现在不把话说死、说绝，就是为了万一真有你成功的那一天，你们还能是好朋友，股份还可以给他留一点儿。

一位很知名的投资人跟我说，他曾经有机会投资马云。马云在创立阿里巴巴的时候曾经找过他，但是他当时没敢投。现在他看明白了，想投了，但也投不进去了。

当初错过了滴滴出行的投资人也都纷纷追悔莫及，所以当共享单车出现的时候，投资圈普遍感到"这可能就是下一个滴滴出行""以前错过的这次要补回来""走过路过可千万不能错过"。于是资本疯狂地进入共享单车行业，造就了 10 天融资几个亿的融资神话，同时也带火了其他共享行业。

了解了这样的血泪教训，你就能理解投资人为什么总喜欢说这两句黑话了："反正我们开会商量呢，也没说不投你。"你今天来问，会没开完，明天再来问，老板在美国。说不准等你的项目都做死了，这个会还没开完；但是等哪天你的项目做成了，至少让投资人感觉你有做成的希望了，他这会一下就开完了："当初你什么也没有的时候，我就看出来你日后必成大器，就冲这份慧眼，价格嘛，能不能再商量商量？"

"跑跑数据吧"这种说法就更加狡猾了。如果说"开会流"只能算"投资太极拳"的入门打法，"数据流"那简直就是宗师级打法：反正数据是让你跑了，跑不出来，你也不好意思来找投资人；一旦跑出来了，你就应该感谢他当年对你的信任啊——若不是他当初坚定地鼓励你去跑数据，哪有你小有成就的今天，股权价格顺便打个折扣就好了！

所以，每当创业者听到"我们开会呢""跑跑数据吧"这两句"黑话"的时候，你应该知道，这个投资人是没戏了，转身赶紧去找其他投资人吧。几个月后，面对突然开完了会、对数据也异常满意的投资人，你当然也不必冷脸相迎，还是那句话：万事留一线，日后好相见。投资圈有"太极拳"，创业圈也有"八卦掌"——"感谢张总当初知遇之恩，只是这股权嘛，李总、王总、赵总都盯着呢，实在没有份额了。但是，如果没有张总当初的支持，哪有我这个小小项目的今天！要不这样，我就从自己的股权里拿出 10 个点匀给您，价格您稍微再加点儿，我也好堵上别的投资人的嘴。咱们的情谊，'谢谢'俩字就太见外了不是！"

第四节　不知不觉，你犯了很严重的错误

历尽万险，创业者终于跟投资人达成投资约定。但是由于缺乏经验，创业者在和投资人谈判、交易的过程中犯了一些比较严重的错误，要么影响融资进度，要么影响企业继续经营。

一、把 TS 当投资协议

TS（term sheet）是指投资条款清单。所谓投资条款清单，就是创业企业与投资人达成了意向投资，双方将投资的主要内容列一份清单，避免日后签署正式协议的时候出现分歧、争议的现象。

TS 只是代表了一种意向，在法律上并没有约束力。并不是签署了 TS，投资人就一定要投资。事实上，签署TS 之后，投资机构就要对创业企业进行尽职调查，如果调查的结果令投资机构不满意，投资机构就不会进行投资。所谓尽职调查（简称尽调，英文缩写 DD），就是投资人在

正式签署投资协议之前对投资标的进行的调查，内容包括业务情况、财务情况、团队构成情况等基本的企业情况与创业者的描述是否相符，市场前景是否乐观，政策环境是否友好，等等。

有些创业者缺乏经验，以为拿到了 TS，投资就八九不离十了。其实从 TS 到实际投资之间还差得很远。有些大牌的投资机构，发放 TS 会比较谨慎，只有真的符合条件的企业才会发；而有些小的投资机构，TS 发放比较随意，稍微有些意向的创业团队就会给其发放 TS。对于创业团队来说，在拿到 TS 时千万不要高兴太早。

二、排他条款

各个机构的 TS 均不尽相同。有些机构的 TS 里会规定，在签署 TS 到签署投资协议期间，创业团队不得与其他投资机构接触，更不得接受其他投资机构的投资。

这个条款充分地保障了投资机构的利益，但是对创业团队的利益损害比较严重。刚刚说过，TS 并不是正式的投资协议，尽职调查之后投资机构并没有必须投资的义务。而尽职调查快则两三周，慢则几个月，这段时间内创业团队不能接触其他投资机构，一旦这家投资机构决定不投资，创业者就白白浪费了几个月。对于创业团队来说，几个月的时间有可能就是生和死的距离。

所以，对于有排他条款的 TS，创业团队尽量不要拿。

三、对赌条款

好容易熬过了尽职调查，终于可以签署正式的投资协议了，创业团队会发现有些投资协议里有对赌条款。所谓对赌条款，就是投资协议规定创业团队未来的业绩必须达到某个指标，如果不能达到，要么退还投资者的资金，要么无偿增加投资者的股份，或者其他的补偿。这种对赌条款对创业团队也是很不利的，因为创业本身风险就很大，很难保证未来的业绩究竟能做到什么程度。一旦签署了对赌协议，可以说投资人的风险就降到了最低，而创业团队的风险提到了最高。

四、没到手的钱不是你的钱

投资协议顺利签完，创业者感到可以松一口气了。错了，千万别松气。永远记得：没有到手的钱就不是你的钱。钱不到账，投资人随时有翻脸不认的可能：要么干脆不打钱，要么只打一部分。如果你拿着投资协议去告他，一来诉讼本身是有成本的，一支正等米下锅的创业团队未必还能挤出打官司的钱；二来创业团队本身通常也没有专门的法务团队，而投资机构倒是有一个律师团随时准备应诉。什么时候钱按照约定的数额，完完全全地打到创业公司的账上了，什么时候创业团队才能够松一口气——本轮融资终于完成了！

如果创业团队万一真的出现了因为投资人不履行投资协议未按时打款，而要和投资机构对簿公堂的情况，我这里有一个不是办法的办法，供各位参考！向法院的诉求重点不是要求投资机构履行协议，因为投资机构的律师在撰写协议时给自己留了各种后路，而是请求法院因为债务纠纷（投资机构承诺投资但是没投，就相当于欠了创业企业的钱）而进行财产保全，就是冻结投资机构的部分资金。一旦法院支持了这个请求，无论官司输赢，投资机构的一大笔资金就要被冻住了，这对于很多投资机构来说是很难受的，说不准也就和你达成庭外和解了。

网上有一个笑话，说如何画好一匹马？答案是：先画个脑袋，再画上身子、四肢和尾巴，最后添上细节。事实上，真正值钱的，恰恰就是这些细节。上面的内容也是如此：讲了估值，讲了"黑话"，还没讲怎么融资，就突然跳到签融资协议的注意事项了。别急，这不是一个笑话，那些究竟如何成功融资的细节，我将在后面的章节中详细地介绍。

第二章

知己知彼：理解投资人的逻辑

下面，在我们正式和投资人做这一笔股权的买卖之前，请先花上一点儿时间，让我们熟悉一下这个交易的对手，看看投资人的喜好，看看他们的脾气秉性。兵法有云：知己知彼，百战不殆。战争需要了解对手，做买卖被称作"商战"，也是要了解对手的。

第一节　投资人的商业模式

在创业者去融资的时候，总是会被投资人问道："你的商业模式是什么？"这是个好问题，我们在后面要详细介绍。但是现在，我们要反过来，先了解一下投资人的商业模式是什么。

有些创业者认为，投资人的商业模式就是把钱投给创业企业，获得企业的股份，然后等企业盈利后再按照股份比例给投资人分红。真的是这样吗？

NO！NO！NO！这种想法只能说明你对投资人的商业模式太不了解。如果投资人靠分红盈利，那么收入与风险就太不成比例了。

首先，创业企业失败的风险很大，能够进入正常盈利阶段的企业比例非常低。

根据国家统计局的数字，中国每年新注册公司四五百万家，而每年关闭的企业约 100 万家，能够熬过 3 年的企业就更少了。按照经验估计，100 家企业融资，最终能够上市、兼并（俗称"上岸"）的企业也就一两家。所以投资人，特别是早期投资人，对企业承担的风险也是非常大的。

其次，即便企业顺利地进入盈利阶段，有多少企业会选择把利润分红呢？非常少。大部分企业还是用来提高员工待遇、扩大再生产、为企业积累储备金，等等。

最后，即便企业分红了，能够分到投资人手里的钱又能有多少呢？

我们做个思想实验：某投资机构（就叫 A 投资机构吧）2010 年投资了 10 家初创企业，每家企业平均投资 200 万元，即总共投出资金 2000 万元，且每家均获得 10% 股份。两年后（即 2012 年年底），在这 10 家企业中，5 家失败倒闭，3 家没有盈利，两家进入盈利阶段。

这两家企业从 2013 年开始连续 3 年盈利，2013、2014、2015 年度两家企业的盈利分别都是 200 万元、400 万元、800 万元（年增长率 100%，应该是不错的企业了）。企业盈利当年便开始分红，分红政策是：盈利的 50% 用于再生产，50% 用于股东分红。

那么 A 投资机构从每家公司身上可以获得的分红如表 2-1 所示。

表 2-1　企业盈利分红表

年份	盈利（万元）	分红比例（%）	股份（%）	分红额（万元）
2013	200	50	10	10
2014	400	50	10	20
2015	800	50	10	40
总计				70

从上表可见，A 投资机构从每家盈利的企业中总共可以获得 70 万元分红，共有两家企业盈利，所以 A 投资机构总共可以获得 140 万元的分红。这还不错，是吗？

还记得 A 投资机构一共投入了多少钱吗？2000 万

元！所以投资收益率是……哪还有什么收益率，完全是赔本了！

投资人投入了这么多的资金，冒着这么大的风险，最后只能收到个别企业的少量分红，这样的投入产出比是不是太大了一点呢？高风险要匹配高收益，这是经济学的常识；如果是这样的高风险低收益，风险投资这个行业恐怕早就灭绝了，而不是红红火火地发展至今。

所以投资人的商业模式肯定不是靠企业分红。那么投资人的商业模式到底是什么呢？

我用一个实际的例子给大家解释一下。

聚美优品由创始人陈欧先生于 2011 年 3 月创立（当时名为团美网），著名天使投资人徐小平老师先后两次投入 38 万美元；3 年后，聚美优品在纳斯达克成功上市，尽管经过多轮融资、多次稀释，徐小平老师的股份依然价值 3 亿美元。徐老师以 800 倍回报退出，年化回报率高达 20 000%，成为投资行业的传奇案例。

如果这个案例解释得还不够细致，那么我再给大家算一笔细账。

还是刚才那家 A 投资机构，2010 年投资 2000 万元给 10 家企业，每家占股 10%。2012 年 5 家倒闭，3 家盈亏平衡，两家盈利。到 2015 年，这两家企业的盈利额达到 800 万元，按照盈利倍数法估值，此两家企业的估值分别是 2.4 亿元，共计 4.8 亿元。

此处忘记怎么计算估值的同学回忆一下上一章讲过的内容：盈利倍数法就是企业估值 = 企业利润 × 倍数。一般来说这个倍数取值 30。

此时这两家企业需要启动第二轮融资，依然释放出 10% 的股份，4.8 亿元估值释放 10% 的股份，意味着需要融资 4800 万元。另一家 B 投资机构表示很有兴趣，愿意投资。A 投资机构找到 B 投资机构，表示愿意把自己 10% 的股份转让给 B 投资机构，且转让价格还可以打个 8 折——4800×0.8=3840（万元）。B 投资机构感觉价格非常满意，于是成交。此时 A 投资机构 2010 年投入 2000 万元，2015 年收回 3840 万元，总回报率为 90%，年化回报率为 18%，投资业绩还算满意。而如果仅计算被投资的这两家企业的话：200 万元买入 10% 的股份，5 年后 1920 万元（3840 万元两家，一家 1920 万元）卖出，总回报率为 860%，年化收益率为 172%，业绩优秀！直接操作这个案例的投资人可以好好地吹一番了。

低价买入创业企业股份，高价卖出创业企业股份，在相对短的时间内获得高额回报，这就是风险投资人的商业模式。在这个商业模式里，我们发现最关键的一点并不是企业做得有多好，而是企业的估值增长速度足够快。只有这样，才能满足风险投资人在短时间内低买高卖的需求。

可能有同学发现，为什么我在计算的时候总是以 5 年为周期呢？仅仅是计算方便吗？

并不是的！

这要从投资机构的结构说起。在很多创业者眼中，投资人肯定是腰缠万贯的富翁，他们手里有花不完的钱，找到一个好项目，投下去，然后赚到更多的钱。

但事实上，对于大部分创业者能够接触到的投资人来说，他们其实也都是打工仔，是白天谈着几千万元的生意，晚上坐地铁回家的一群人；而少部分的确腰缠万贯的投资人，他们投资的钱其实大部分也不是他们自己的钱。

整个投资机构的核心部分由两部分人组成：一部分人贡献智慧和判断力，这部分人被称为一般合伙人（GP）；另一部分人贡献资金，被称为有限合伙人（LP）。GP 通常事情非常非常多，工作非常非常忙，时间非常非常紧张，所以他们没法接触所有的项目。这就需要一群助手来帮助他们接触项目与创业者，收集信息，并做出初步的判断，把明显成功可能性不大的创业项目淘汰掉，然后 GP 再根据助手筛选、整理后的信息做出最终的投资决定。这些助手就是投资经理，也是创业者最容易接触到的，在地铁上聊着几千万元、上亿元生意的那一群人。GP 和投资经理就是我们通常意义上的投资人。

GP 和 LP 之间的关系是这样的。

第一步，GP 决定干一件大事儿，可是发现没钱或者只有一点点钱（这个"一点点钱"是相对于"1 个亿的小目标"来说的）。

第二步，他们千方百计地找到一群有钱人，跟他们说："我（们）要干一件大事儿，这事儿干好了你们手里的钱就要翻番地涨了。我（们）很懂投资，但是钱不够；你们不懂投资，但是很有钱，所以咱们是不是可以合作一下？看看，这是我（们）过往的投资业绩，很厉害是不是？"

第三步，有些有钱人就被"忽悠"住了，拿出钱来给了 GP，于是这些有钱人就成了 LP。GP 和 LP 一起组建一只投资基金，还要约定：①LP 只负责出钱，而不能做决定。②GP 只做决定不出钱（或出一点点钱）。③GP 每决定投出去一笔钱，就要以一定的比例从基金中收取佣金，这被称为管理费。④从 LP 出钱的那一天起，LP 就不能把钱取走，直到事先约定的某一天，统一结算收益。然后 GP 拿走自己应得的分成，LP 拿回本金和余下的收益。这个 LP 不能把钱取走的时间就被称为封闭期。一般来说，天使投资基金的封闭期是 3 ～ 5 年。有的时候，某些项目的确很好，但是封闭期到了还没有看到收益，GP 和 LP 也会事先约定可以酌情把封闭期再延长 2 年，这就称为延展期。如果是 3 年封闭期 + 2 年延展期，我们就称为"3+2"基金；如果是 5 年封闭期 + 2 年延展期，就称为"5+2"基金。

从这个关系里我们可以看出：

1. 投资人其实也是有投资人的，就是 LP。

2. LP 之所以愿意把钱给 GP，并不是做慈善，而是为了拿回更多的钱。基金的封闭期一般是 5 ～ 7 年，所以一个投资人总会考虑 5 ～ 7 年内收益率到底怎么样。

3. 到封闭期结束，如果投资人拿不出像样的业绩，也就是投资收益，是没法跟 LP 交代的。

4. 一旦没法交代了，一个 GP 的投资生涯可能就此结束了，因为他可能很难再"忽悠"到 LP 了。

5. LP 的投资渠道很多，没必要非得把钱给 GP，除非 GP 的投资收益率明显超过其他投资渠道。

当你了解了这些，你就很容易明白什么样的企业更能打动投资人了，这也就是我马上要说的内容。

第二节　什么样的企业更受投资人喜欢

上一节，我们知道了投资人的商业模式就是低价买入创业企业的股份，在短时间内，企业估值增加后，再高价卖出，在承受高风险的同时，享受高利润。那么投资人喜欢什么样的企业也就呼之欲出了：投资人喜欢具有"可爆发性"的企业。

什么叫具有"可爆发性"的企业呢？我对"可爆发性"的定义是：**在短时间内，企业估值可以快速地增长；在长时间内，这种增长趋势不存在明显衰退的迹象。**

通俗地说就是，在短时间内，比如一两年，企业的估值必须要高速增长，年增长率要达到 100% 或者更多，但是没有企业能一直保持初创期的增长速度；在较长的时间看来，比如 10 年、20 年，增长速度一定会下降，但是这种增长的趋势不会明显的衰退。比如，年增长率会降到 50%～60%，但是不会降到 10% 以内，更不会停滞不前，不再扩张。这样的企业就是具有"可爆发性"的企业。

也许有人会说，短时间内高速增长我可以理解，毕竟投资人需要在短时间内高倍数地退出。但是为什么还要考虑长时间内增长趋势不会明显衰退呢？投资人那个时候不是已经退出了吗？

这就涉及整个投资行业的利益链条。由于本书的读者基本上都是初创企业的创业者，我们的项目主要都集中在初创阶段，所以我们的内容也都集中讨论初创阶段的情形，所说的投资人也都指的是早期投资人。可是，事实上，企业并不是只有初创期的企业，投资人也不是只有早期投资人。为了把这个问题说明白，我们需要讲一讲其他阶段的情况（当然不会展开细讲）。

大家知道企业有很多时期，有初创期，有成熟期。如果我们用融资轮次来进行划分的话，就有种子轮、天使轮（这两期是这本书着重讨论的部分）、Pre-A 轮、A 轮、B 轮、C 轮……直到 IPO，那么不同的阶段就会有不同的投资人参与进来。比如，有些投资人只投资或主要投资种子轮、天使轮，就被称为早期投资人，这主要是一些个人和规模较小的投资基金（几亿元到几十亿元）；还有一些只投资 Pre-A 轮以后的投资人，这主要是一些 VC、PE，资金规模在几十亿元到上百亿元；还有些更大规模的投资基金喜欢在企业上市前投资，在企业上市之后退出（收益率不高，但是收益额巨大）；还有一些基金和个人只投资上市的企业，在股市里买卖企业股票。顺便说一句，企业上市之前的股权买卖市场我们称为一级市场，企业上市后的股权买卖市场（也就是股市）我们称为二级市场。

不同阶段的投资人之间会形成一种买卖链条，还记得上一节中举的那个例子吗：A 投资机构在天使期以 200 万元的价格获得一家企业 10% 的股权，又以 1920 万元的价格卖给了 B 投资机构，这个过程称为"A 投资机构的退出"（请记住这个术语，以后我们在描述这个过程时就不会说得这么复杂了，而是直接说"退出"）。在这个链条中，就是 A 投资机构在 A 轮中把股份退出给了 B 投资机构，而 B 投资机构还会在后续轮次中把股份退出给 C 投资机构，C 投资机构退出给 D 投资机构……一直退到上市、退到股民手中，这个 A 投资机构退给 B 投资机构、B 投资机构退给 C 投资机构的过程就被称为投资的"退出通道"（事实上退出过程并非如此简单，存在诸如隔轮退、部分退、继续跟投等复杂的情况，但是为了把问题说清楚，这里进行了简化）。

　　能否保证退出通道的畅通，是每一轮潜在进入的投资人非常关心的问题。换句话说，投资人在还没有买之前，先要想想能不能卖出去。那么怎么保证能把手里的股份顺利地卖出去呢？就是股份要不断地升值。这就是企业估值的增长趋势在长期内不能够有衰退迹象的原因。很容易想象，如果 C 投资机构认为企业有衰退的迹象，预计自己手里的股票很难卖给 D 投资机构，那么 C 投资机构就会拒绝购买 B 投资机构手中的股票，B 投资机构就会因为预计很难把股票退出而拒绝购买 A 投资机构手中的股票，最后 A 投资机构就会因为预计很难退出而拒绝给企业投资。整个退出通道就像是一副多米诺骨牌：任何一环的断裂都会导致前面的所有环节交易逻辑不成立。所以尽管企业的长期增长并不能给天使投资人带来直接的利益，但是天使投资人依然关心企业到底能不能保持长期的增长，这也是天使投资人常常把"行业天花板够不够高"挂在嘴边的原因。

那么一家企业如何具有可爆发性呢？这取决于内外两部分的因素：企业外部是指国家政策、市场环境、科技进步趋势等，通常是企业无法控制的，我们只能在外部环境确定的情况下选择是否创业、在哪个行业创业，但是无法改变外部环境；而企业内部是指企业如何经营、发展的战略，这是企业能够控制的。所以对可爆发性的研究主要集中在企业内部。

在第四章中，我们将专门分析"如何建立具有可爆发性的商业模式"，现在我们从经济学原理的高度对可爆发性做一些分析。理论是乏味枯燥的，通常也不能直接解决实际问题。如果你不喜欢看理论，完全可以直接跳到后面的章节；但是如果你想从本质上了解一件事情，从理论上进行分析就会变得很有趣。就好像如果只知道"发动机牵引力大于轮胎与地面的静摩擦力，汽车就可以启动"这样的原理并不能让你真正启动一辆汽车，任何一个驾校教练也不可能和学员聊物理学公式；但是如果对启动汽车的理解仅停留在"离合、挂挡、油门"的层面，也会损失很多乐趣。

经济学分为宏观经济学和微观经济学，宏观经济学就是在讨论企业外部的环境，站在国家的高度探讨国家政策对于经济的影响；而微观经济学则是讨论企业的内部，以精确的数学模型来讨论企业发展的本质规律。在微观经济学里，有一个"停止营业点"的概念，用来解释企业的扩张规模和速度（见图 2-1）。

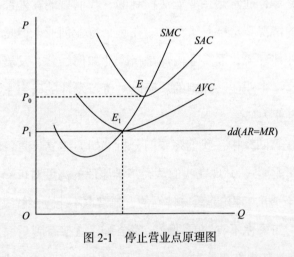

图 2-1　停止营业点原理图

图 2-1 就是"停止营业点"的数学模型。对于没有学过经济学的读者来说，看起来可能比较费劲，我来解释一下。

SMC 叫作短期边际成本，就是在较短的一段时间内，比如 1～2 年（恰好和我们说的可爆发性的周期吻合）内，每生产一个新产品所要付出的成本。这个短期边际成本的变化趋势是先下降后上升，这个很好理解。随着生产规模提升，批量采购原材料一定会导致采购价格下降，但是随着生产规模继续提升，人员规模扩大，带来了管理成本、人员成本、设备老化、广告投入等问题，每生产一个产品的成本又上升了。

AVC 叫作平均可变成本，就是平均到每个产品里的人员和原材料成本。这个趋势也是先下降后上升的，只是这个趋势比短期边际成本平缓一些。这也好理解，企业生产规模扩张后，开始时员工数量不变，但是产品数量提升了，自然平均到一个产品的人工成本降低了；随着企业营业规模扩张，自然需要更好的人才、质量更好的原材料、更多的管理岗位，所以平均成本又会上升。

SMC 和 AVC 必然相交于 AVC 的最低点，这里我就不证明了，比较复杂，有兴趣的读者可以自己去看经济学教材，我们只要记得这个结论就行了。

任何时候，如果平均可变成本（AVC）和产品售价（P）相等，即企业平均生产一个产品所花的钱与每卖出一个产品所挣的钱一样，就是不赔不赚的，那么企业此时可以继续生产也可以不生产（反正不赔不赚）；但是，如果这个点恰好是出现平均可变成本（AVC）和短期边际成本

（SMC）的交点，也就是说最新生产出来的这个产品的成本恰好就是所有产品的平均可变成本，也恰好是市场可以接受的产品价格，那么企业就麻烦了，此时就必须停止生产了。

为什么呢？因为刚才说了，SMC 和 AVC 的交点必然在 AVC 的最低点，就是说企业此时再多生产一个产品，平均成本一定会提升；而在这之前企业已经是不赔不赚了，这就意味着，在这个点之后，企业所有多生产的产品的平均可变成本一定是超过售价的，所以生产越多，亏得越多。此时企业最好的选择就是停止生产，所以这个点就被称为"停止营业点"，在这个点上企业的产量也就是图 2-1 中横轴上的 Q，即企业的生产规模。

为了避免出现停止营业点，只有两个办法：①提升产品的售价；②降低 AVC 的最低点。

但是，初创企业都是小企业，根据微观经济学的基本原理，小企业不能决定市场价格，只能是价格的接受者。所以，小企业控制不了产品市场的价格 P，只能努力降低自己的 AVC 最低点，或者说努力地推迟 AVC 拐点的到来。

从图 2-1 中我们看到，决定 SMC 和 AVC 的，主要就是人工和原材料成本。如果这两个成本增长的速度慢，也就是曲线平滑一些，那么两者的交点就会来得晚一点，"停止营业点"就来得晚一些，相应的产量 Q 就会大一些；如果这两样增长得快一些，"停止营业点"就会来得早一点，相应的 Q 就会小一些，而产量 Q 就是企业的经营规模。所以，可爆发性根本上取决于企业对人力成本和原材料成本的控制能力。

那么怎样才能很好地控制人力成本和原材料成本呢？我把停止营业点的原理图进行了简化，虽然没有图 2-1 严谨，但好在浅显易懂，一目了然，请看图 2-2。

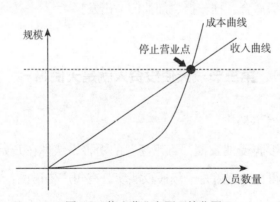

图 2-2 停止营业点原理简化图

一家企业中，随着人员数量的扩张，业务收入和人员成本都会上升，并且业务收入先是比人员成本上升得快。随着人员数量继续增加，业务收入又比人员成本上升得慢。

这是由于随着人员数量的扩张，管理成本也在不断地增加，人越多，企业结构就越复杂，管理成本增长得越快。这部分成本不直接用于生产，不产生业务收入，但是也会被计入 AVC 和 SMC。当成本与收入持平时，企业也就不再生产；成本上升得越快，停止营业点到来得也就越早，企业就越没有爆发性。一个行业中停止营业点规模最高的企业所处的生产水平，就被称为行业天花板。

好了，经济学原理说到这里就结束了，我知道你已经看得晕头转向了，没关系，后面我们讲的都是实操性强的内容：踩离合、挂一挡、加油门，出发！

第三节　天使投资人就是天使吗

当然不是！

不要再受朋友圈"毒鸡汤"的祸害，从现在开始，请牢牢记得：融资就是一场股权买卖。有句广告语说："没有买卖就没有杀害。"这句话我觉得放在这里特别合适，因为股权买卖也是这么血淋淋的现实。

投资人是商人，商人的天职就是赚钱。推进技术进步、完成产业升级、打造民族产业、圆你儿时梦想，这些都是赚钱的副产品。

天使投资人虽然有"天使"两个字，不代表他们就是天使。骑白马的不一定是王子，也可能是唐僧；有翅膀的不一定是天使也可能是奥尔良翅膀。

所以，创业者与投资人的接触中，不要一上来就谈理想、谈情怀。郭德纲老师说过："把情怀讲在嘴里而不是埋在心里的，都是骗子。"论忽悠，创业者肯定忽悠不过投资人：因为投资人身经百战，每天都在应对企图"忽悠"他们的创业者；投资人还阅人无数，社会经验老到。

我们前面讲过，投资人的商业模式是有退出链条的：天使退给 VC、VC 退给 PE、PE 退给 IPO 承销商、IPO 承销商退给机构、机构退给散户。投了你，投资人的工作只完成了 30%，怎么找到下家接盘才是后面工作的大头。如何能把手里的股份卖个好价钱，企业的估值是关键。决定企业估值的，不仅仅是企业本身做得怎么样，最关键的是企业在别的投资人眼里做得怎么样。所以，怎么能"忽悠"别的投资人觉得这家企业不错，愿意把投资人当初投的钱后面加个"零"直接买走，才是投资人最主要的工作内容。这项工作有个高大上的名字，叫"投后管理"。

所以，既然投资人本来就是"忽悠"行业的行家里手，创业者还是收起情怀和梦想，来一起聊聊正题，比如你的商业计划书呢？

第三章

写一份投资人喜欢的商业计划书

第一节　什么是商业计划书

如果你正准备融资，那么你一定对"商业计划书"这几个字非常熟悉。基本上，每次你和投资人聊到自己的项目，都会听到"把你的商业计划书给我看看"这样的话。

很多充斥在朋友圈的鸡汤文里常常会出现"×××几分钟搞定多少万元投资""一份商业计划书搞定×××投资人"之类的段子，而一些创业者对此深信不疑。还有不少创业者给我发私信，内容基本上都是："老师，我现在有个想法，你能不能帮我写一份商业计划书，以便我去融资？"

很多创业者以为一份好的商业计划书就能打动投资人

的心，然后几百万元投资立即到账，开启自己的无敌人生。

事实上，创业者很难仅仅通过一份商业计划书就搞定投资人。因为商业计划书仅仅告诉了投资人你的创业计划，可是你到底有没有实力办到，你的团队怎么样，你的创业环境如何，这些都需要投资人和你见面深入沟通、实地考察之后才知道，而一个职业的投资人只有进行了上述调查之后才能够做出是否投资的决定。

说到这里，想必很多创业者就不禁要问了："既然靠一份商业计划书不能搞定投资人，既然后面还有这么多调查的内容，那么为什么我们还要写商业计划书呢？直接让他们来调查就好了啊！"

如果你也有这样的疑问，说明你不太了解投资人的日常工作。在上一章中我们说了，在一家投资机构里，负责做出投资决定的投资人被称为GP，GP很忙，每天有很多事情要处理，所以他还有很多助理，被称为"投资经理"，帮他来收集项目、接触团队、做一些初步筛查的工作，你的商业计划书基本上就是交到这些投资经理手中。

然而投资经理们也很忙，通常一家中型投资机构中的投资经理每天可能会收到上百位创业者发来的商业计划书。请你想象一下这样的画面：你的邮箱里每天有100封未读邮件，你很勤奋地把这些邮件都读完了，然后明天一上班，又有 100 封未读邮件，每天如此。

请问，如果是你，你有可能和 100 位未曾谋面的创业者一一见面吗？你必须在一天之内全部见完，因为明天又有 100 位新的创业者等着你。时间上根本不允许，对吗？更何况，一旦当你接触过 500 个以上的创业项目时，就会发现很多项目相当不成熟，根本没有见面的价值。

所以只有那些有吸引力的商业计划书才能够引起投资人的兴趣，进而邀请创业者面谈，商讨投资的具体事宜。你们可以坐下来详细地聊一聊你的项目，还可以邀请投资人到你的企业实地考察。总之，商业计划书对于创业者非常重要，它并不能直接帮你赢得融资，但它是一块敲门砖，可以帮你敲开投资人的大门，赢得一个见面的机会。只要能够见面，商业计划书的历史使命就完成了，至于能不能获得投资，那就要看项目本身的情况了。

所以，我们撰写商业计划书的最高原则就是：**最高效率地引起投资人的兴趣和注意，从而赢得一个见面的机会。**

请记住上面的话，非常重要，这句话将会贯穿本章的始终，尽管现在你会觉得这是一句正确的废话。

商业计划书对于每支创业团队如此的重要，但是很多创业者未必知道什么是商业计划书，以及如何撰写商业计划书。很多商业计划书内容冗长乏味，动辄几十页，让投资人找不到重点和亮点；有些团队的商业计划书大谈情怀、理想，而不是投资人所感兴趣的内容，让投资人毫无阅读的兴趣。

商业计划书（business plan，BP）是一份文档，用来告诉投资人3件事："我要做什么""我要怎么做""以及我要花多少钱做"。还记得我刚才说的吗？一位投资经理每天要阅读大约100封商业计划书，如果一天工作8小时，他给每一份商业计划书的时间不会超过5分钟。事实上，一位投资经理每天的工作内容不可能只是阅读商业计划书，他还要花大量的时间去约见感兴趣的团队，进行调查。所以你可以认为，平均而言，每一份商业计划书被阅读的时间不会超过2分钟。

如何在2分钟内让你的商业计划书吸引住投资人，告诉他想知道的事情，从而引起他与你见一面的兴趣和欲望呢？这就是下面的几节想要告诉你的。

再说一次，请记住，撰写商业计划书的最高原则是：最高效率地引起投资人的兴趣和注意！

第二节　一句话简介

在商业计划书的开头，创业团队需要做一道填空题。

这道题非常简单："我的产品_____（是什么），_____（谁）会用我的产品，解决了他_____（什么困难）。"

为什么要在商业计划书的最开始写这样一道填空题呢？这道题目的作用是：筛选投资人。

很多创业者只知道投资人要筛选创业项目，却从来没想过创业者要筛选投资人。

还记得撰写商业计划书的最高原则吗？"最高效率地引起投资人的兴趣和注意"，这道填空题就在帮你提高融资效率。

投资人决定不投资一个项目有很多原因，有一些原因和创业项目本身的关系不大，并不是说你的项目好投资人就肯定投，项目不好投资人就不投。比如，有的投资机构的投资逻辑是：不在同一个行业投资相同的项目。这样做的理由是避免在同一个行业内扶持竞争对手，确保投资成功率（当然，这只是一部分投资机构的逻辑，有些投资机构恰恰相反，只在某几个行业投资大量项目，这样做的逻辑是分散投资风险）。如果你遇到的投资人恰好是秉持这种观念，而又恰好在你之前投资了一个与你同行业的项目，那么你的项目做得再好也不可能获得他的投资，你做得越好，他越不可能扶持你。

既然我们知道投资人有各种可能不会投资的理由，而这些理由又和项目本身关系不大，那么最好能够第一时间就把那些不太可能投你的投资人筛选掉，只和那些可能（注意，是"可能"而不是"肯定"）投你的投资人继续沟通。

有些同学可能要问："为什么要第一时间筛选掉投资人呢？多接触一些投资人不好吗？"

答案是：**不好！因为浪费时间。**

如果是和那些有可能投资你的投资人接触一番后没有形成投资，虽然也消耗了时间，但是这部分时间是融资的必要成本。而若把时间花在那些压根就不可能投资你的投资人身上，这就叫作浪费。对于创业者来说，时间是最昂贵的成本。从某种角度来说，融资就是创业者在用创业过程的时间与投资人的资金进行对赌。但是投资人不缺资金，输了损失也不大；可是所有人都缺时间，创业者如果输了，损失会非常惨重。你可以计算一下，如果你不创业，而是给别人打工，那么你几年来应该挣到多少工资、奖金甚至期权？还要考虑到这几年里你可能的升迁、跳槽带来的收入溢出。但是你现在创业了，你的工资可能是以前收入的一半甚至更少，如果你失败了，由于创业的这段时间你脱离了原来的职场评价体系，重新再找工作的时候未必能够延续创业前的职位、薪资，你需要一个新的过程重新调整、适应，这期间你又要损失多少？所以，创业者要珍惜你创业过程中的每分每秒，因为这一分一秒都是可以直接换算成钱的。

下面，我们来看看这道填空题应该怎样写。

第一个空：我的产品是什么。请注意，这个空要填的是"我的产品是什么"而不是"我的产品叫什么"。"是什么"说的是产品类别，"叫什么"说的是产品名称。对于一个投资人来说，第一时间接触一个项目，更关心的是什么类别，而不是项目的名称：名字起得不好，以后可以再改；类别不对应，那就没有继续聊下去的必要了。

第二个空：谁会用我的产品。这个空实际上是在说明目标用户。创业团队要精准地选择自己的用户，既不能太多，也不能太少：太多了，创业团队没有服务能力；太少了，缺乏足够的收入。

那么，你可能会问，我应当选择哪一群人来做用户呢？答案是：哪一群都行，但是要选择性价比最高的那一群。什么叫性价比最高呢？就是相对来说，花费的代价最小而产出收益最高的那一群人。注意，这里说的既不是"花费最小"，也不是"产出的收益最高"，而是"花费最小而产出收益最高"。也就是说，创业团队不是单纯地追求高价值的客户，而是收益／获取成本最高的那一群人。

　　为什么创业团队要追求性价比高的用户呢？大家可以想想，在生活中，什么人是最追求性价比呢？是穷人。富人不追求性价比，而是单纯地追求"性能"最高。飞机票是个最好的例子：同样的距离，机票通常要比火车票、汽车票都贵，为什么呢？因为飞机的交通时间最短。也就是说，用户买机票最重要的原因是需要快速地从出发地到达目的地。但是，在飞机票中又分为经济舱和头等舱，两者所耗费的交通时间是相同的，但是头等舱的价格通常是经济舱的 3 倍或者更高。也就是说，在旅行时间这个最主要的性能指标相同的情况下，经济舱更便宜，也就是性价比最高。那为什么还有人要选择头等舱呢？因为头等舱舒适、宽敞、优先登机（虽然优先登机后也不能优先起飞，还是要等着经济舱的乘客登机以后一起飞）、优先下机（优先下机后倒是可以直接走了，但是也不过是到行李处和后来的经济舱乘客一起等行李）。这些虽然都是头等舱在性能上超过经济舱的地方，但是超出的性能相对有限，无论如何不可能达到 3 倍的程度。也就是说，单纯看性能，头等舱是超过经济舱的；但是如果看性价比（性能 / 价格），经济舱比头等舱高。那么什么人会选择经济舱呢？是穷人。富人会选择头等舱，因为富人不追求性价比，而是单纯追求头等舱的性能。

创业企业就是企业中的"穷人"：没钱、没资源、没影响力，所以创业企业就必须追求性价比高的用户。也许某些用户的消费能力非常强，但是相应的获取成本也很高，这种用户就不是创业企业的目标，而是成熟企业的。创业企业要克制自己的欲望，懂得放弃。

第三个空：解决了他一个什么困难。这是大部分创业团队经常忽视的问题。这个空的重点是解决"困难"，而不是解决"问题"。很多产品都可以解决问题，但这个问题并不一定是用户的困难。只有能够找到用户的困难，并且帮助用户解决的产品，用户才会愿意付费买单。用投资行业时髦的用语来说，就是要找到用户的"痛点"。很多创业企业找的痛点不够痛，看似美好却经不起市场的检验。

填好这三个空，还要遵守两个要求：第一，字数不要超过 50 个字；第二，请使用简洁的白话。

在大多数情况下，一个创业项目用 50 个字是可以说清楚的，如果你发现很难用 50 个字把你的项目说明白，这可能存在两种情况：①你还没有把你的项目想清楚；②你想做的事情太多了。

如果你还没把自己的项目想清楚，可以利用这个填空题反复地提炼、精简，直到能够压缩到 50 个字以内，这个过程也是不断地调整、梳理你项目的过程。如果你想做的事情太多，那么最好砍掉一些次要的项目，保留你性价比最高的那一部分。对于一家创业企业来说，我们没有能力做那么多事情，只能从最擅长、成本最低、收入最多的事情做起，先保证生存，只有做大了才有机会扩展业务。

第二个要求是使用简洁的白话，所谓简洁的白话有两层含义。

第一层含义：不要使用自造的名词。

有些创业项目喜欢使用自造的名词来显示自己的创新性，但这样做会引起投资人的误解，降低融资效率。例如，我曾经辅导过的一个项目，他的项目叫"爱情之灯"，这个名字有多层含义。在我多次讲课时，都会用这个名字来问在座的听众，发现听众的理解集中在两个方向：第一，这是一个硬件类项目，就是做灯泡的；第二，这是一个婚恋社交类产品，引申出可以像灯塔一样指引爱情。

事实上，这的确是一个硬件类的创业产品，而且就是一个灯泡，可以在约会过程中，根据女孩的心情和喜好变换颜色。对于这样的产品，我的建议是，在向投资人介绍时应该直白地说"这是一个可以根据需要变换颜色的智能灯泡"，而不是用自造的"爱情之灯"。对于职业投资人来说，有一个投资的基本原则：我只投我熟悉的领域。如果一个投资人熟悉智能硬件领域而不熟悉社交产品，那么他对社交类的创业项目的兴趣就不大，反之亦然。对于这款"爱情之灯"的创业项目来说，假如他恰好碰到了一个投资智能硬件的投资人，而投资人又对"爱情之灯"的理解采取了第二层含义，即这是一个社交产品，那么他就错失了一个潜在的投资人；反过来，如果这个投资人恰好是一个投资社交产品的投资人，而他对"爱情之灯"的理解也是一个社交产品，进而邀请创业者进行面谈，是不是就可以看作是个意外之喜呢？显然不能，因为一旦双方坐下来详谈，那么投资人会立刻发现他误会了这个项目，然后就会结束谈话。而对于创业者来说，这次谈话一无所获，还浪费了来回路途的时间和见面的时间，刚刚我们说过，对于创业者来说，时间比资金还要宝贵。

简洁的白话第二层含义是：要使用在最广大范围内达成共识的词汇。某些词汇尽管有很多人都在使用，并不是创业者自造的名词，但并没有在最广大范围内达成共识，每个人对这个词都有自己的理解。

例如"工业 4.0"就是个典型的例子。这个词汇是一个经常出现的高频词汇，在很多场合都有人在使用。但是具体什么是工业 4.0，并没有在最广大范围内达成共识。事实上，"工业 4.0"是由德国政府在《德国 2020 高技术战略》中所提出的十大未来项目之一。该项目由德国联邦教育局及研究部和联邦经济技术部联合资助，投资预计达2亿欧元，旨在提升制造业的智能化水平，建立具有适应性、资源效率及基因工程学的智慧工厂，在商业流程及价值流程中整合客户及商业伙伴。其技术基础是网络实体系统及物联网。所谓工业4.0是指工业的第四次革命——第一次革命是蒸汽机代替人力，第二次革命是电力代替蒸汽，第三次是计算机代替机械，第四次是引入人工智能。这是一个非常宏大的目标，由很多模块组成，所以对于工业4.0的理解也会五花八门，各执一词。笔者参加过很多工业4.0的论坛会议，与会的嘉宾对这个词汇的理解是各式各样的，甚至有些会议的主题就是讨论这个词汇的具体含义，比如有学者认为工业4.0是指智能制造，有专家认为是人工智能。总之，当使用一个本身充满歧义的词汇来介绍自己的产品时，很容易给投资人造成误解，降低融资效率。

现在，你已经非常了解如何填写这道填空题，那么就请动手完成吧。如果你发现很难填好或者填好后又不符合要求，那么就需要反复思考你的项目，反复梳理、提炼，直到可以正确地填写这个填空题。所以，这道填空题也可以当作是梳理、分析、完善项目的工具，帮助创始人更加清晰地理清自己要做的事情。

我们说过，一个商业计划书有三个要素：我要做什么，我要怎么做和我要花多少钱做。这道填空题虽然简短，但是非常重要，因为它是商业计划书的第一个要素——我要做什么。

现在，你肯定很关心，这短短的 50 个字如何起到筛选投资人的作用呢？很简单，当你跟投资人说完这道填空题时，你就可以观察一下投资人的反应。有些投资人听完后很有兴趣，会认真地听你说；也有些投资人听完后反应不大，听的时候心不在焉。特别是在路演的时候，当你信心满满地走上讲台，环顾一下在座的各位投资人，坚定而平稳地说"各位老师好，我的项目是什么，谁会用我的产品，解决了他一个什么样的困难"后，你会发现，有些投资人会睁大眼睛，聚精会神地盯着你，眼神中流露出期待你继续讲下去的愿望；而有些投资人则心不在焉，发发微博、玩玩手机。那些认真听的投资人，就是有可能投资你的投资人，你应当抓住机会和他继续深入地交流沟通；而那些听起来心不在焉的投资人，就是不可能投资你的投资人，你可以放弃和他的沟通，节约你的宝贵时间。

50 个字，正常语速不会超过 30 秒，就可以帮助你筛选投资人，是不是很高效？

对于那些不太可能投资你的投资人，请你记住他们，一会儿我们会讲到为什么。

下面，我们将讲解商业计划书的第二个要素，也是商业计划书的主体部分——我要怎么做。

第三节　我要怎么做

这一节，我们要讲解一下如何撰写商业计划书的主体部分，也是商业计划书要体现的第二个要素——我要怎么做。

一、市场概况

市场概况就是对创业项目所在的市场做一个简单的描述，分析自己所创业的市场有无前景（当然是有前景），有无爆发力（当然是有爆发力），有无投资的必要（当然有必要）。

介绍市场概况时，切记不要做报告。所谓做报告，就是详细介绍市场的历史、发展、个人感悟、个人情怀。投资人没有时间去看这些虚的东西，写市场概况，就是写能够描述市场特征的关键点。

为什么很多创业团队在介绍市场概况的时候喜欢做报告呢？因为这些创业者从这样一个假设出发：投资人不懂

我所在的行业，所以我要认真介绍这个行业，让投资人看懂了，他就会投我了。

错了，你不能假设投资人不懂你所在的行业，恰恰相反，你应该假设投资人非常了解你这个行业。刚刚我们已经用填空题过滤掉了那些不可能投资你的投资人，所以市场概况是向那些可能投资你的投资人说的，而职业机构的投资人有一个最基本的投资逻辑：我只投资我熟悉的领域。

我曾经辅导过一支创业团队，这支创业团队的创始人从业背景非常强大：中国国内一支知名的女子职业摩托车队创始人，荣获过国内很多职业联赛的冠军，甚至在和男子车队比赛时也多次获胜，央视、各大卫视对其均有所报道。可以说从天使投资机构"看人"的角度来说，创始人的履历是无可挑剔的。

通过朋友的介绍，创始人找到我，说："现在国内的职业联赛商业氛围不好，仅仅依靠比赛不能养活团队，所以我想做一个摩托车相关的电商项目，通过电商平台的盈利给摩托车队输血。"

我和创始人在深入交谈之后，感觉她的项目很好，当即给国内某一线投资机构创始人发了微信，在介绍了相关项目后询问该投资人有没有兴趣见一面。该投资人很快给我了回复，只有两个字："不懂。"

我看了这个回复，非常不解。因为我之所以把这个项目推荐给他，除去知名度的考虑外，更重要的是我知道这位投资人投资过自行车的项目。在我的概念中，自行车和摩托车都是两轮车、链传动，区别只是后者有马达。所以愿意投资自行车的人按理说也应该了解摩托车才对。

后来我在其他的场合碰到过这位投资人，向他请教说"不懂"的原因。这位投资人说："自行车更多的是交通工具，而职业摩托车是体育竞技，这完全是两个不同的行业。我懂自行车，但我不懂摩托车。"

从这个例子里就可以看出来，一个职业的、正规投资机构的投资人，对于自己所了解的边界是非常清晰的，一旦超过了自己所了解的行业边界，即便是看起来很好的项目也不会投资。

因此，对于创业者来说，那些有可能投资你的投资人，一定是非常了解你所在行业的投资人；而那些不了解你行业的投资人，他们也没有可能投资你。所以，创业者完全没必要给投资人做报告。

既然如此，创业团队为何还要介绍市场呢？因为创业者要向投资人证明：我也非常了解这个市场。创业者要让投资人感到，我是这个市场里的精英，是对市场有了足够的观察，对市场的不足和痛点有了深入的了解，对于如何经营、如何盈利有了足够深入的思考之后，才来创业的，而不是头脑一热就辞职创业了。只有这样的创业团队，投资人才有可能青睐。

我们应该把介绍市场概况看作是一次考试，投资人就是考官，考题就是：请介绍一下你所在的市场。参加过考试的人都应该有这样的常识，考官问问题不是因为考官不知道答案，而是考官想从考生的嘴里听到正确的答案。

对于市场概况来说，正确答案就是能够描述市场特征的那些点，例如，市场容量、增长速度、平均客单价、显著的痛点、行业巨头、前人没有发现的机会等。

我推荐用图表的方式描述市场，因为简洁直观。有过考试经验的人都知道，考官阅卷的时候并不在乎你说了多少，而是看你是否说到了"得分点"，说到了即可得分，废话说得再多也没用。

在路演过程中，当你使用了图表的方式描述市场时，你会发现有些投资人会用手机拍摄你的图表。有些团队沾沾自喜——看来我的商业计划书做得很好，已经有投资人拍照了，我离融资不远了。我要给这些创业者提个醒，不要太高兴，这些拍照的投资人恰恰是那些不太可能投你的投资人。

原因非常简单。人们通常拍摄的都是新鲜事物，很少有人喜欢对熟悉的事情一再拍照。这就说明，这些拍照的投资人很可能并不了解你所在的市场（尽管他可能是其他市场的专家），因此他也就不太可能投资你的项目。

对于这些拍照的投资人，也请创业者记住他们，在后面的章节我们会介绍原因。

二、商业模式

上一节，我们讲了如何撰写行业概况，这一节，我们要讲解商业计划书的核心部分——商业模式。

创业者互相都会问："你的商业模式是什么？"商业模式几乎时时刻刻出现在创业者生活中，但是很多创业者都不太明白，什么是商业模式。

有人觉得如何赚钱是商业模式，有人觉得如何获取用户是商业模式，有人觉得如何宣传是商业模式。这些观点都不错，但是不全面。

尽管商学院教材对商业模式的定义有很多，但是从撰写商业计划书的角度看都不太适用。在实践中，我对商业模式的定义是：**创业者如何运用自己所掌握的商业资源达到商业目标的一套逻辑**。在这个定义里，商业模式的核心是"一套逻辑"。既然是逻辑，就要讲因果关系。

什么是"商业资源"呢？商业资源是一家企业可以利用到的具有商业价值的各类有形和无形的资产及其组合。商业资源是企业经营的起点，没有商业资源，企业经营无从谈起。

那什么是"商业目标"呢？商业目标是企业经营的目的。比如创业者为什么要创业，为什么要成立一家公司，要实现一个什么样的目的。

商业模式的核心是"逻辑"。商业模式本质上是一套逻辑，而投资人最为看重的也是这一套逻辑。因为，在同一个行业里，各个企业所掌握的商业资源大致相当，无非是人才、技术、人脉、资产、政府关系等；而企业的商业目标也基本一致，无非是盈利、制造新产品、颠覆旧格局等。但是如何利用商业资源达到商业目标的逻辑，不同企业之间差距极大。有些逻辑听起来十分合理，从理性上分析可以利用现有的资源达到既定的目标；有些逻辑则听起来不太合理，从现有的资源出发，按照这条逻辑的规划，很难实现预先制定的目标。而投资人所要投资的，就是那些掌握的资源最多，设定的目标最为合理，更重要的是，实现逻辑最为优秀，成功可能性最大的创业项目。

对于创业者来说，必须非常仔细地思考自己的商业模式，因为这是投资人考察创业团队，特别是早期团队的最重要的甚至是唯一的标准。

什么是早期团队呢？在投资行业，通常根据企业的融资轮次和融资额对企业进行划分。

传统上，企业的首次融资，被称为 A 轮融资，第二次融资被称为 B 轮融资，以此类推。但是，随着创投市场的发达和多样化，A 轮融资的定义发生了一定的变化，现在的 A 轮融资通常是指企业在业务稳定、盈亏平衡之后的首轮融资，金额通常在 1000 万～3000 万元之间。

在公司具备 A 轮融资条件之前，也就是创业企业处于有一定的产品生产能力，尚未经过大规模的市场验证，也没有收入或虽有收入但远未实现盈亏平衡的阶段进行的融资，被称为天使轮融资，融资额通常在 100 万～500 万元之间。

在天使轮之前，企业处于尚无成型产品或产品正处于研发中，甚至公司尚未成立，创始人仅有一个创业想法的阶段进行的融资，被称为种子轮融资，融资额通常在 10 万～50 万元之间。早期团队就是指天使轮和种子轮的创业企业。

之所以说商业模式是投资人对早期团队最重要甚至是唯一的评判标准，是因为：① A 轮以后的企业，已经取得了收入并盈亏平衡，有些企业已经大规模盈利，说明企业的商业模式已经充分得到了市场验证，已经几乎无须考虑商业模式是否合理的问题。但是，早期团队没有销售收入和利润，甚至没有用户，商业模式当然也没有通过市场验证，这个商业模式可以说很大程度上是创业团队主观设想的，是否合理也只能通过主观判断。所以，如果一个商业模式听起来不太合理，虽然不能说一定会失败，但是至少比合理的商业模式失败的风险会更高一些。②A 轮以后的企业可以为投资人提供完整的财务数据，投资人通过研读财务数据来判断企业的经营状况和增长前景，但是早期团队没有任何或者只有非常少的财务数据，很难通过财务数据来证明自己项目的投资价值，投资人也只能通过考察商业模式来判断企业的投资价值。

但是，创业团队仅仅制定了合理的商业模式，还不能赢得投资。因为融资像是一场选拔考试，在投资人面前，摆着大量的合理的商业模式，投资人要从这些合理的商业模式中找到最优秀的商业模式进行投资。

什么是优秀的商业模式呢？在前面的章节我们讲过，是具有可爆发性的商业模式。所谓可爆发性是指：①在短时间内企业估值可以快速地增长；②在较长的时间内增长趋势不存在明显衰退的迹象。

很多商业模式可以保证盈利，但是不具有可爆发性，这不是投资人所喜欢的商业模式。很多传统行业的企业家问过我："我的企业每年都有稳定的收入，为什么投资人就是不投我呢？而那些互联网企业什么收入都没有，怎么就能获得大量投资呢？"如果你看过了前面的分析，就应该明白，传统企业很难获得风险投资最大的原因就是因为太稳定了，投资人没法在短时间内利用估值的快速增长而获得高额的投资回报。

有些创业者会把商业模式和盈利模式混淆，认为商业模式就是如何赚钱。这个认识是错误的。

首先，赚钱的确是最常见的商业目标，但并不是唯一的商业目标。有些企业也会把推动技术革新、提高市场覆盖率作为商业目标。因此，根据商业模式的定义，对于这样的企业商业模式主要阐述的是究竟如何推动技术革新或者提高市场覆盖率。

其次，某些商业模式一时还找不到盈利的方法，但是出于经验或者其他原因，投资人相信这样的商业模式最终可以获得成功。例如，对于互联网企业来说，有用户比有盈利重要得多，因为经验告诉我们，只要有用户，迟早会找到盈利的方法。腾讯在很长一段时间内找不到挣钱的方法，但是 QQ 积累了大量的用户，当用户数量到达一定级别时，盈利的方法突然就产生了，从早期的 QQ 秀、Q 币，到现在的游戏、金融，所有的盈利方式都是建立在大量用户的基础之上的。

如何设计一个具有可爆发性的商业模式，我们将在第四章中详细为你讲解。

三、运营计划

运营计划是在未来一段时间内获得的用户数量以及获得用户的运营手段。在一定程度上，运营手段甚至比运营目标更为重要：运营手段可以反映一支创业团队是否足够专业。在撰写运营计划时，应当避免出现"消费者层级的认识"，通俗地说，就是不要讲"外行话"。

我们可以将人们对产品的认识分为两个级别：生产者层级的认识和消费者层级的认识。所谓消费者层级的认识，就是当我们在使用某个产品的时候，只要略有思考能力的人，总会对产品产生一定的看法和评价，会产生诸如"这个产品如果由我来设计会怎样改进""如果由我来制定销售战略会如何"的想法。这种认识是肤浅而流于表面的，大多数都缺乏实际可操作性。而生产者层级的认识是亲身经历过产品的生产过程产生的认识，是基于产品生产、销售的现实情况而产生的较为深刻的认识。

例如，我常常在电视上看到、广播中听到这样的广告：

价值上千元的茅台酒现价只要 100 多元，而且买一箱送一箱还加送各种礼品。对于为何能有如此低廉的价格，我想当然地认为无非是这两种情况：①广告中的是假冒的茅台酒；②如果是真酒，那可能是因为白酒市场的确不景气，厂家跳过中间商环节以成本价直销。

直到我认识了一位白酒企业的老板，在请教一番之后才知道上述的两种想法正是典型的"消费者层级的认识"。这位白酒企业的老板给出了一个"生产者层级的认识"：原来我们常说的"茅台酒"并不是一个商标名称，在我们印象中的那个国宴茅台酒的商标上并没有"茅台"两个字，商标上的拼音也是"moutai"而非"maotai"。原因是"茅台"实际上指的是贵州省茅台镇，凡是在茅台镇上生产的酒，都可以被称为"茅台酒"，就好像凡是在北京做出来的烤鸭都可以叫"北京烤鸭"，只是我们普遍习惯了一提到"北京烤鸭"就想到全聚德。

因此，只有"贵州茅台酒股份有限公司"生产的茅台酒才是我们日常所特指的国酒茅台，而其他所有在茅台镇上设厂生产的白酒，都可以称之为"茅台酒"，只不过并非我们所默认的那个国酒茅台。

因此，广告中的那个"茅台酒"，就是茅台镇上生产的"茅台酒"，而一瓶白酒的生产成本最低可以到几元钱，甚至还不如装酒的酒瓶值钱。如果这种"茅台酒"能卖到100多元一瓶，即便买一箱送一箱加送各种礼品，再扣除广告宣传和物流成本，依然有非常大的利润空间。

这就是消费者层级的认识和生产者层级的认识的区别。

如果创业者在撰写运营计划时，写出了消费者层级的认识，那就说明创业者没有从事过自己所创业的项目的实际生产活动，缺乏实际操作经验。在投资人眼中，这是一个失败风险非常高的创业项目，自然很难给予投资。

有些创业者会说："任何事情都有一个从不会到精通的过程，为什么投资人就不愿意给那些没有实际生产经验的创业者一个学习的机会呢？"

这是对创业认识的一个偏差。创业原本就是一个成功概率很低、风险极高的行为，自然只有那些行业精英才有资格创业。对于一个行业中的普通人，甚至完全没有行业经验的新人，正确的选择应该是加入一家本行业的成熟公司，积累了足够的经验和资源后再考虑是否创业。从投资人的角度出发，投资本身也是一种商业行为，商业行为的最终目的是盈利。风险投资可以接受失败，但会尽力将失败的可能性降到最低，所以绝不会有投资人愿意为创业者"交学费"。

想要获得投资，只有自身本领过硬才行。

四、财务计划

财务计划是未来一段时间，创业团队的收入和支出情况。撰写财务计划最重要的是要做到"自圆其说"。也就是说，财务计划不一定都是盈利的——既可以有利润，也可以没有，还可以亏损。但是，财务预测要有合理性，即使是亏损也要说清楚为什么会亏损，亏损的钱用来做什么了，为什么要这样做。

对于早期团队来说，只需对未来 6 ～ 12 个月的财务状况进行预测即可，无须做太久。这是因为早期团队死亡率很高，即便是成功活下来的团队，实际财务状况与当初预测的也会有很大区别，所以太久的财务预测没有太大意义。

笔者曾经陪同一支创业团队与投资人面谈，当谈到未来财务计划时，创业团队介绍自己未来 24 个月的规划，没有说几句就被投资人打断了，他说："如果你未来的 6 个月能够完全按照你的计划实现，这就已经是一个很不错的创业项目了，计划到 24 个月是毫无必要的。"

财务计划可以展示创业者的实际经营能力和经验，即对于收入的预期是否合理？对于可能产生的花费是否预见到位？能否精打细算地支付每一份成本？对于所支出的成本是否可以取得相对应的收益？点点滴滴都可能会决定着项目的生死成败。

缺乏经营经验的创业者往往对收入的预期过于乐观，或者对可能产生的支出缺乏认识，结果就是收入过高、成本过低。看似漂亮的财务计划，其实会让投资人感到担心。

财务计划与运营计划之间既有关联又有区别。通常来说，运营计划与财务计划是正相关的，就是说用户越多，收入越多。但是，有时候两者也会呈现负相关的情况。例如，创业者为用户发放补贴，那么用户量自然会显著上升，但成本也会显著上升，导致利润下降；或者创业者向用户收取费用，那么用户量可能会出现下降，但是收入则会攀升。

总之，设计好未来 6 ～ 12 个月的财务计划，会让创业者在与投资人会谈时更有底气。

五、团队介绍

团队介绍的重点是讲亮点，所谓亮点就是本团队有而别的团队没有的优势。例如，创始人曾任某大型公司的高管，拥有某种独特的资源或技术，在某个市场有垄断位置或者不对称的信息。

我曾经辅导过的一支创业团队的团队介绍就写得非常好。他们是一支法律创业项目的团队，创始人是国内某知名体育明星的代理律师，著有多本法律教材，被多所高校采用。通常一位明星不会聘请太多名代理律师，能够编写高校教材的专家也不多，所以这些亮点都是他们团队有而别的团队没有的优势。

有一种经历，并不是亮点，但是被很多创业团队当作亮点，那就是"我有 10 年从业经验"，我在不下 100 份商业计划书里看到过这样的自我介绍。除非你能证明你所在的行业是一个平均职业寿命很短的行业，否则"10 年从业经验"并不能说明任何优势。任何人在一个行业里混上 10 年，就会有 10 年工作经验。

例如，33 岁的体操老将丘索维金娜之所以受人尊敬，就是因为在女子体操这个项目中，绝大多数选手的年龄在 18 ~ 20 岁之间，而丘索维金娜能够以 33 岁的高龄参加奥运会，这本身就已经可以说明她实力不凡。但是，像体操这种平均职业寿命较短的行业毕竟是少数，绝大部分行业的职业寿命还是很长的，所以"10 年工作经验"并不是一个加分项。

既然"我有 10 年工作经验"并不是一个加分项，那么为什么会有这么多创业者喜欢在商业计划书中加上这一句呢？实际上，创业者的本意是想说："因为我有 10 年工作经验，所以在如此长的从业经历中，我掌握了别人所没有的资源、人脉、技能等。"既然如此，还不如直接把这种"别人所没有的资源、人脉、技能"写出来。

有些团队会面临这样一个困扰：在团队中，创始人或者 CEO 的从业经历没有亮点，但是联合创始人或者后加入的成员的从业经历很有亮点，那么在撰写商业计划书的时候，能不能不写 CEO，而只写有亮点的成员呢？

答案是：可以！

我们在本章一开始就强调，撰写商业计划书的最高原则就是最高效率地引起投资人的兴趣和注意。投资人阅读一份商业计划书的平均时间在 1 ～ 2 分钟，在如此短的时间内如果还要写入一个没有亮点的创始人介绍，就是在降低创业团队的融资效率。

有创业者会问："那么，我们竟然真的就可以不介绍创始人了吗？不是说天使投资最看重的就是人吗？"

不要激动！创始人当然要介绍，但是不一定非要在商业计划书里介绍。商业计划书就是个敲门砖，它帮你敲开投资人的大门，让你有机会可以和投资人面对面坐下来，花上一个下午的时间聊一聊你们的项目。这时候，你有的是时间去介绍你的创始人，甚至很多你没想到的、不想说的内容投资人都会问到，这就是尽职调查。

所谓尽职调查，就是投资人在做出投资决定之前，要对融资项目的基本情况进行的调查，包括股权结构、经营状况、财务状况、公司规模、市场状况、历史沿革，等等。

传统来讲，尽职调查不仅内容庞杂细致，而且历时很久，通常要几个月到半年。由于要进行财务状况的调查，就要启用会计师、律师等专业人员，费用也颇为昂贵。一般来说，尽职调查的费用由创业公司承担。

但是，对于早期项目而言，越来越多的投资机构不再使用传统的尽职调查方式。因为早期项目缺乏相应的财务数据，处于"查无可查"的状态。因此，投资机构更多采取谈话、沟通的方式，通过与创始人的深入交谈，反复沟通，并结合投资人丰富的社会经验，来综合判断创业者是否具备相应的素质和能力，进而判断该项目是否值得投资。

这种新型的尽职调查方法，由于非常依赖投资人的主观判断，所以充分体现了投资人的个人风格。

有些投资人中规中矩，基本上调查的都是常规内容，如过去的职业经历、对创业的心得、对市场的看法、对竞品的研究，等等。

也有些投资人"剑走偏锋"，以出人意料的方式对创业团队进行调查。例如，有些投资人会关心创业者的星座，认为某种星座的创业者更容易获得成功；有些投资人会邀请创业者去酒吧、KTV，在放松的状态下观察创业者的行为细节；更有投资人会假扮客户购买创业者的产品，来考察创业者的实际经营状况。

总之，商业计划书是一块敲门砖，创业团队根本无须急在一时，在商业计划书里写入太多的内容。创业团队只需在商业计划书里写入那些最能吸引投资人兴趣的内容，赢得一个面谈的机会，这份商业计划书也就完成任务了。

六、竞争对手

在撰写竞争对手时，重点在于四个字：表扬自己。我们在商业计划书中分析竞争对手的目的是为了向投资人证明，竞争对手虽然很强大，但是本团队更加强大，所以本团队才是投资的好选择。

有些团队喜欢用 SWOT 分析法在商业计划书中分析竞争对手，这是错误的方法。SWOT 分析法是团队内部进行分析时使用的好手段，但是在商业计划书里并不是一个好的表现方法。因为 SWOT 分析法很难表现出本团队比竞争对手更加优秀。

例如，我曾经辅导的一支创业团队在撰写竞争对手时就写得很好，他们说："我们的竞争对手是支付宝，支付宝的确是国内第三方支付领域里无可置疑的老大，但是他们最擅长的领域是 2C 端（个人用户），而我们擅长的领域是

2B端（企业用户），特别是校园用户。所以，在个人用户领域，我们打不过支付宝，但是在校园用户领域，支付宝打不过我们。"

这一段竞争对手介绍就非常出色。首先，它肯定了竞争对手的确非常强大；第二，从不同的竞争领域角度出发，说明在自己的优势领域里自己比支付宝还要强大。

但是，能说出自己的团队比竞争对手有什么样优势的创业团队还是很少的，毕竟创业团队就是处在一个没钱、没人脉、没资源、没市场的状态，跟竞争对手比找不到优势的情况也很常见。说不出优势，但并不代表团队不能成功。很多日后成功的团队在刚刚起步时的确看不出比竞争对手有什么特别大的优势。最后成功的企业可能恰恰是在持续经营的过程中比竞争对手在各个细节上做得好一点点，再加上运气好。

例如，新浪微博在刚刚上线时并没有比"饭否"有什么巨大的优势，新浪微博在互联网行业普遍被认为界面丑、用户体验差、技术落后，而"饭否"比新浪微博早起步一两年，积累了大量用户和内容，无论怎样看，"饭否"都没有输给新浪微博的可能。但是新浪微博上线后，"饭否"因敏感内容被无限期关停服务器，已经被"饭否"培育好的用户因为无法选择只好迁移到新浪微博，造就了新浪微博在一段时间内毫无竞争对手地野蛮生长。

因此，如果你无法说出对竞争对手的优势，也可以在商业计划书中选择略过这一节，不分析竞争对手的优劣。

不写归不写，创业者要准备好一句话，特别是参加路演的创业者，要准备一句回答，以应对投资人的提问："如果腾讯做了你的项目，你该怎么办？"

这句话，每个行业、每个项目都有所不同，也很难有统一的标准答案，但总的原则只有一个：快速地滑过这个问题，不正面回答，不与投资人冲突，也不在这个问题上纠结。

为什么要快速滑过这个问题呢？因为凡是向你提出类似问题的投资人，都是不太可能投资你的投资人。在前面我们多次要创业者记住那些不太可能投资你的投资人，因为他们最喜欢问这类问题。

为什么呢？很简单，记得前面我们一直强调的吗？投资人只投他熟悉的领域，而那些不熟悉你所在领域的投资人，就不太可能投你。

一支创业团队，他所面临的竞争对手并不是腾讯、百度、阿里巴巴这样的巨头，巨头也没有兴趣和初创企业竞争。一家初创企业所面临的竞争对手恰恰是和它体量差不多的那些其他初创企业。

也就是说，一家初创企业，他的对手既不是细分领域的第一，更不是全行业的巨无霸，而是在细分领域里排名靠后的无名之辈。而只有内行人，才能知道一个领域里的无名之辈有哪些；外行人只能知道排名第一的知名企业。如果我问你，世界最高峰是哪里？很多人不假思索就能说出是珠穆朗玛峰。但如果我问你世界第二高峰呢？恐怕能够说出来的人就很少了。

那些不熟悉创业企业所在的细分领域的投资人，当然不知道这个行业的无名之辈都有哪些，甚至不知道这个垂直行业的第一是谁，提问时也只好问："如果腾讯／百度／阿里巴巴做了同样的项目，你怎么办？"

既然是提这种问题的投资人都是不会投资你的投资人，那么回答他们的问题就是在浪费时间，因此创业者面对这种问题时就要避免正面回答，快速滑过即可。那么为什么还要避免冲突呢？一方面是出于节省时间的考虑，另一方面也是因为投资圈子很小，如果创业者与投资人发生了正面冲突，很可能一夜之间就会传遍投资圈，这对于创业团队的后续融资会产生非常不利的影响。

说起投资圈子之小，我有着非常直观的感受。我经常会参加投资人的聚会、饭局，酒席期间第一次见面的同行自然免不了互相加一下微信。等加完之后才发现，在座的很多同行虽然第一次互相添加微信好友，但是早在很多微信群中已经是群友了，只是从来没有交流过罢了。而之所以会有这么多共同的微信群，恐怕也是被很多共同的好友拽到群中的。

从"市场概况"到"竞争对手"介绍，这就是商业计划书的第二个要点，也是主体部分——我要怎么做。下面我们要进入商业计划书的第三个要点：我要花多少钱做。

第四节　融资需求

融资需求主要说明创业团队需要融多少钱、出让多少百分比的股份，以及融资款的大致分配。

很多创业团队不知道如何界定融资的额度，事实上，融资的额度是由两个因素共同决定的：一个是团队需要的资金量；一个是投资机构可以接受的资金量。

团队需要的资金量由团队自行估算，一般来说将要计算未来 18 个月左右的人力成本、办公成本和推广成本。投资机构可以接受的资金量通过两步来估算：首先通过估值方法估算企业价值，再将企业价值乘以融资比例得出投入资金。

所谓估值方法，就是投资人对企业价值评估的数学方

法。在前面的章节我们已经详细介绍过了，这里再给大家
复习一下。

1. 盈利倍数法。如果你的企业有盈利，那么用你的年
盈利乘以一个倍数就是企业的估值，这个倍数一般是 30。

2. 收入倍数法。如果你的企业没有盈利，但是有收
入，那么用企业的年收入乘以一个倍数就是企业的估值，
这个倍数一般是 8 ～ 10。

3. 资产价值法。这种方法就是把你公司值钱的东西一
个个算出价格，然后加起来。

4. 市场惯例法。市场上同类型企业习惯上被估值多
少，就是你企业的估值。

创业团队的估值通常是投资人与创业团队相互商讨的
结果，也就是讨价还价。

既然是讨价还价，双方就要有双方的理由。投资人的
理由通常是团队风险大、商业模式有漏洞、创始人团队不
完整等；而创业团队也应当尽快建立自己的应对方案，找
到自己的优势之处，以应对投资人的"砍价"。

对于出让的股份比例，一般来说在 10% ～ 30% 之间，
这其实也是经验总结的结果。出让太低了，投资人会觉得
不值。因为投资人赚钱的主要方式就是在早期以较为低廉
的价格获得创业者的股份，后期在创业者企业做大后以比

较高的价格出售。由于创业企业通常会经过多轮融资，每一轮融资后，早期的投资人所占股的比例都会有所下降。所以如果第一轮的投资人占股比例太低（比如低于 10%），后期就会在企业中处于无足轻重的地位，很容易被大股东损害利益；而如果股份出让得太高了，比如达到了 50% 或以上，那么投资人实质上成为企业的实际控制人，企业的好坏风险全部落到了投资人身上，创业者倒成了一旁坐享其成的打工仔，这会让投资人觉得创业者对创业项目信心不足，以融资为名变相退出，投资风险太大。

因此，综合而言，出让比例在 10% ～ 30% 是比较合理的范畴。当然，具体的出让额度，也是创业者和投资人共同协商、讨价还价来的结果。

总之，融资，其实就是在卖东西，只不过所售卖的商品比较特殊，既不是实物也不是服务，而是公司的股份以及未来的权益。但不论是买卖什么东西，只要是做买卖，就要符合商业的基本规律——漫天要价，就地还钱。创业者只要把融资看作是农贸市场里卖水果好了，买家（投资人）无非是各种挑毛病，不是嫌水果不新鲜，就是嫌水果不够甜；卖家（创业者）则不断地反驳，不是说水果天生外观如此，就是说自己是纯天然非转基因。最终在一个双方都能接受的点上达成一致，融资就成了。

最后，创业者还要说明白资金的用途，这也会让投资人了解创业者对资金的使用和把控能力。对于早期项目而言，资金使用用途通常分布在人员、场地、推广、设备四个方向，目前随着国内用工成本不断提升，人员成本在总成本中的比例不断提升，在某些行业中已经超过了50%，甚至更多。

至此，如何写出一份简单明了的商业计划书，我已经讲解完毕，希望各位创业者可以着手开始尝试撰写，下一章我将会重点讲解如何建立一个投资人青睐的商业模式。

第四章

建立具有可爆发性的商业模式

　　在上一章我们已经讲过，商业模式不仅是商业计划书的重点环节，而且对于早期创业企业，由于缺乏足够的财务数据，商业模式甚至是投资人考察项目投资风险的主要内容，是企业融资过程中重中之重的环节。可以说，对于早期项目，有一个好的、吸引投资人的商业模式，就等于完成了一半的融资工作。那么什么样的商业模式是吸引投资人的商业模式呢？在前面的章节我们已经说过了，就是"具有可爆发性的商业模式"。这一章，就来教你如何设计一个具有可爆发性的商业模式。

第一节　如何建立具有可爆发性的商业模式

在前面的章节我们已经给商业模式下过定义，所谓商业模式就是：利用已经掌握的商业资源，达到商业目标的一整套逻辑。而所谓可爆发性，就是：①短期内企业估值可以快速增长；②长期内这种增长没有明显衰退的趋势。那么所谓建立具有可爆发性的商业模式，本质上就是建立一套短期内可快速增长，长期内不会明显衰退的逻辑。为了分析这个逻辑的建立过程，我们要先回顾一下商业模式的发展历程。

一、商业模式 1.0

尽管"商业模式"这个概念是在 20 世纪 50 年代提出，并在 20 世纪 90 年代开始在商界流行的，但是商业模式本身却产生得很早，可以说，有商业就有商业模式。

据考证，中国最早的商业起源于 2000 多年前的周代。《诗经·氓》中就有"氓之蚩蚩，抱布贸丝"的诗句，说明 2500 多年前的中国就已经有了布与丝的贸易。尽管没有商业模式的概念，但是商业模式实质上是存在的，并且在之后的 2000 多年里，并没有太大的改变，我称之为商业模式 1.0。

这个商业模式概括起来就是："搞点儿人来""把东西卖给他"，如图 4-1 所示。

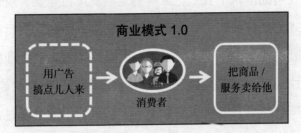

图 4-1　商业模式 1.0

这是符合人们朴素的认识的：我有东西要卖出去，那就要想办法让更多人知道才行。我们可以把这个模式简化为"宣传——接触——消费"的过程。在我国，很多俗语就能体现这种朴素的商业模式观，比如，"干什么吆喝什么"，体现了宣传环节；"买的没有卖的精"，体现了利用信息不对称来完成消费环节；"赔本赚吆喝"，体现了宣传环节的成功，但是消费环节的失败；等等。

这种商业模式简单直观，经历了上千年的考验依然具有生命力，无疑说明是成功的，但是也有极大的缺陷，即宣传成本太高了。这种高不仅体现在每一次宣传的单次成本上，更体现在消费者完成了"宣传——接触——消费"的流程后，就流失了。企业不知道用户去哪儿了，用户也不知道企业在做什么。如果企业想再次找到用户，就必须重新经历一次"宣传——接触——消费"的流程。

例如，某消费者因为广告前往商场买了一件衣服，当他离开商场提着购物袋回家后，他就跟这个商场没有任何联系了。商场如果上架了新产品想让用户知道，就必须要重新做一次广告。这就是商场一年到头打折、促销、店庆的原因，不停地用宣传手段赢得顾客的注意。更惨的是，并不是每个消费者在了解了商品之后都会购买，这就意味着很多宣传成本是浪费的，所以才会有广告界一句著名的感慨：我知道有一半的广告费是浪费的，但我不知道是哪一半。

这种商业模式尽管有非常多的缺点，但也是在当时的生产技术条件下唯一的选择。没有好的通信手段，企业有了新产品也很难以低成本的方式通知用户；由于交通运输手段落后，企业没办法服务距离太远的用户。

二、商业模式 2.0

随着生产技术的进步，特别是互联网技术的发展，出现了一个在商业史上从未出现过的深刻变革：数字商品。数字商品的出现彻底改变了商业的发展方向，使新的商业模式的产生有了可能性。

在上千年的商业史中，所有的商品都是实体商品，看得见摸得着。即便是服务也是建立在实体商品之上的，服务通常被认为是购买实体商品之后的附加值，即你去饭馆，享受了服务员的服务，但是前提是你买了菜品；你读了书，享受了知识，但是前提是你买了书本。

顺便说一句，正是因为这种服务必须捆绑在实物商品上的习惯过于强大、牢固（有几千年），而中国用户接触到数字商品的时间又比较短（大概 30 年），所以中国互联网用户在很长一段时间内不习惯为服务、内容付费。中国消费者习惯于把服务、内容看作是实体商品的附加。比如，中国消费者可以花几千元买一部手机，但不愿意花几元钱买软件；可以花上万元买电脑，但不愿意买操作系统；可以花几千元买电视，但是看盗版电影。因为中国消费者习惯上把软件看作硬件的附属：买了手机就应该免费享受 App，买了电脑就应该免费赠送操作系统。这与国民性格无关，只是一种消费习惯。而精明的商人从不生硬地照搬国外经验，而是应该在尊重中国消费者消费习惯的前提下，设计适合中国消费者的产品。

数字商品之所以如此伟大，可以产生新的商业模式，最主要的原因是**借助计算机和互联网技术，复制和存储数字商品是没有成本的，或者成本极低**，这是新商业模式的基础。

这很好理解，比如本书 8 万字左右，以现在计算机技术水平，存储空间大约 2M，复制起来可能不需要 1 秒钟，成本低到忽略不计；但是如果复制一本同样的纸质书，印刷、纸张、装订的成本是绝对不可能忽略的。

因为这个深刻的变化，沿用了上千年的商业模式第一次出现了本质上的变化。企业在获取用户的时候多了一个选择，它当然可以继续使用宣传手段获得用户，但也可以不这么做，而是用数字商品本身获得用户。

因为数字商品的复制成本是极其低廉，甚至忽略不计的，这就意味着企业可以把虚拟商品以非常低廉的价格甚至免费地交给消费者使用。如果消费者不用，对于企业也没有太大损失；如果消费者使用了，那么配合互联网技术，消费者就会一直与企业保持联系。这样，就大幅降低了企业获取用户的成本。

这种商业模式，我称之为商业模式 2.0，如图 4-2 所示。

图 4-2　商业模式 2.0

这种变化是非常深刻的，不仅仅是降低了用户的首次获取成本，更重要的是，因为用户通过数字商品与企业长期保持联系。这意味着企业可以反复地推荐其他商品给用户而不需要花费额外的宣传费用（或者非常低廉的花费），即使用户暂时不购买，企业也可以不断地收集用户需求，改进商品，直到开发出可以打动用户购买的产品。

网络游戏《征途》就是一个非常好的例子。《征途》是巨人集团旗下一款非常成功的游戏产品，它的很多模式被后来的中国网游行业广为采用。在《征途》之前，国内的网游行业大多学习欧美游戏的做法，向用户预售点卡。刚才我们说了，中国消费者并不习惯这种消费方式，所以销售情况大多平平。《征途》则改变了这种做法，既然大家认为数字商品应该是免费的，与其费尽心思去设计各种收费验证，还要教育消费者改变付费习惯，不如顺应这种想法，干脆让游戏免费好了。

于是，《征途》成了一款免费网游，免费下载，下了就能玩，不收任何费用，也开创了中国网游的免费模式（这种模式后来被复制到了互联网的几乎所有领域，"免费"成了中国互联网区别于世界其他各国互联网产品的一个显著标志）。由于游戏本身质量也比较上乘，所以吸引了不少的玩家。能够支撑《征途》免费的原因就是我们说的新商业模式的第一点——数字商品的复制和存储是近乎免费的。一旦玩家开始习惯于登录游戏了，就与游戏的运营商保持了紧密的联系，"巨人"就可以不断考察用户的需求点，从而打动他们消费。经过反复的试验，"巨人"发现这个需求点就是：攀比。

其实在中国很多的商业领域里都在利用中国人较为强烈的攀比心理。中国在很长的一段时间内是一个人情社会，一个人的社会地位，甚至某些切身利益取决于周围人对你的评价。这是因为中国几千年来的治理模式是宗族模式，整个国家就是一个大的宗族，天子是最大的族长，其下分为若干个次一级的宗族，每个宗族下面又分为若干个更次一级的宗族，一直这样分裂下去，整个社会由大量大大小小的宗族组成（这种宗族模式直到现在还有痕迹，例如大部分中国人都自称炎黄子孙，就是我们都承认所有的中国人本质上属于同一个宗族）。天子管辖整个宗族，大的宗族族长管辖小的宗族，小的宗族族长管辖个人。这种管理体系对于一个国土面积庞大而统治技术相对落后的国家是非常适用的，儒学思想也正是因为非常适合这样的治理方式而在诸子百家的竞争中击败了所有的对手（特别是法家思想），赢得了官方思想的地位。在这样的治理结构中，一个个体想要获得成功，唯一的途径就是获得宗族的支持，宗族的支持力度越强，个体获得成功的可能性以及成功的高度就越大。而宗族的资源是有限的，不可能支持所有的成员，所以只有那些在宗族内部获得较高评价、符合宗族道德观的个体才有可能获得宗族的支持，评价越高，支持力度越大。这就使得中国人非常在意周围人的评价，最怕别人"看笑话"。"让别人笑话"是一个宗族对个体相当负面的评价，而"让人高看一眼"则是宗族对个体相当正面的评价。

随着技术的进步，中国渐渐步入工业社会，宗族体系也不断瓦解，儒家思想也早就不再是官方正统思想，而只是各种主流思想中的一种。尽管此时个人的成功越来越不必依靠宗族的支持，但是在意周围人的评价依然作为一种习惯保留了下来。所以，对于中国消费者而言，攀比是一个非常重要的消费动机。

在《征途》中，高阶玩家可以从外观到战斗力上对低阶玩家形成全方位的"碾压"。而低阶玩家想要成为高阶玩家，只有两种途径：①根据游戏规则升级，这个过程会相当缓慢，在这个缓慢的过程中低阶玩家会不停地被高阶玩家"看笑话"；②付费升级，这个过程会非常迅速，并且迅速的程度与付费数额成正比，这样就可以立刻"被高看一眼"。所有的玩家都不想被看笑话，都想看别人的笑话，所以只有不停地付费购买装备、道具，并且费用越付越多。此时，消费者在网游中付费购买的商品本质上是一种社会评价。

当然，随着经济发展，中国消费者的消费习惯也在渐渐改变。例如，最近几年知识经济大火，电影票房市场节节攀升，说明越来越多的中国消费者开始承认虚拟商品的价值，并愿意为之付费，"攀比"的消费动机也越来越弱。但不论怎样，只要用户存在，消费动机就一直存在，一个动机消失了，另一个新动机就会产生。可以想象，如果依然有大量的玩家登录《征途》，即便所有的玩家都不在意别人的评价了，运营商依然迟早可以想出来新的吸引用户付费的产品。可惜现在类似《征途》这类的大型多人在线游戏已经不是网络游戏的主流游戏方式了，现在的主流网游是像《王者荣耀》《英雄联盟》这样的游戏类型了。

看到这里，你就能够明白，为什么投资人可以忍受互联网企业暂时没有收入，但是必须要看到用户群的高速增长了。因为一旦获取了用户，就可以通过免费的产品与用户保持紧密联系，然后再慢慢研发可以收费的产品就是了。

马化腾和朱啸虎在微信朋友圈关于共享单车的争论就很好地体现了这一点。

马化腾在中国是家喻户晓的人物，大家都非常熟悉了。朱啸虎可能很多读者第一次听说，我给大家介绍一下。

朱啸虎，金沙江创投董事总经理，著名投资人。比较知名的投资案例，如滴滴出行、兰亭集势、饿了么、小红书、映客等，总之这是一个相当厉害的人物。如果你还没法理解他的厉害之处，只要明白他是能和马化腾成为微信好友，并且能够互相评论朋友圈那种级别的大神就行了。

那么，马化腾和朱啸虎到底在朋友圈里争论了什么呢？概括起来就是一句话：ofo 和摩拜单车到底谁会赢。当然结论很好理解，腾讯投了摩拜单车，所以马化腾认为摩拜单车会赢；金沙江投了 ofo，所以朱啸虎认为 ofo 会赢。截至本书写作的时候，这两家最大的共享单车企业还在你死我活地"厮杀"，如果有一天它们分出了胜负再来回首这段文字，不知道会有什么样的感想。

这场争论在本质上是单车发展模式的路线斗争：摩拜单车是智能化、高质量路线，ofo 是低成本、数量化路线。打个比方，摩拜单车就像是《星际争霸》里的神族，单兵质量高、攻击力猛，但是价格贵；ofo 像是虫族，单兵价格便宜，但是数量多。这两条路线本身并没有高下之分，自然界里分别选择这两种路线进化成功的物种数不胜数，关键得看执行力。

之所以马化腾和朱啸虎分别站在两条路线上越走越

远，甚至争论得越来越厉害，主要还是跟各自所站的位置紧密相关。腾讯表面上是一家社交公司，本质上是一家数据公司。QQ 也好，微信也好，每时每刻都在为腾讯上传大量的用户数据，使得腾讯越发成为一家被数据所驱动的公司。腾讯产品之所以用户体验足够好，本质上还是数据分析得足够好，通过数据分析来倒推用户体验的改进方向。所以马化腾在回应的时候也相当自信地引入微信数据来支持自己的观点。从这一点来说，能够双向通信的摩拜单车非常符合腾讯的胃口。在摩拜单车之前，腾讯数据收集的方式集中于软件，无论是 QQ、微信还是《王者荣耀》、滴滴打车，都是如此。但是摩拜单车则完全弥补了腾讯数据收集的短板，直接跳过可穿戴设备这个领域，独辟蹊径，数据的收集不仅全面而且精准，成为腾讯数据战略的一环。

　　朱啸虎老师以及金沙江创投是投资方，投资机构对数据也好、产品也好，没有需求，看中的是项目的投资属性。还记得我们之前讲过的，从投资人的商业模式来看，项目本身好不好不重要，别人觉得项目好不好才重要。只有别人——准确地说是下一轮的投资人，觉得项目足够好，愿意高价接盘，投资机构才有高倍数退出的机会。所以，是不是智能单车，能不能收集到足够的数据，对于投资机构来说无所谓，关键是看下一轮的投资人认不认可。而对于不需要数据的投资机构来说，用户数据收集得好不好、准不准、能不能用，远远没有市场占有率、投放数量、客单价、活跃度这些指标直观醒目，所以引发这次冲突的起因也是朱啸虎老师发了一个艾瑞网的活跃度报告，并且洋洋得意地说"这和在街头数数的感觉基本一致"。对于朱啸虎老师来说，用户数据用得好也罢、坏也罢，ofo 挣钱也罢、亏损也罢，这事儿都没意义啊！只要 ofo 的投放数量一直增长，日活用户不断攀升，ofo 的估值就能不停地拉高，退出的收益自然也就不停地疯涨。"街头数数"才是直接拉高下一轮估值的有力推手！

那共享单车到底是怎么具有可爆发性的呢？因为有App 啊！对于过去卖自行车的商家来说，从消费者交了钱，把自行车推出商店的一刻起，就跟消费者完全失去了联系，商家既不知道消费者骑得好不好、舒不舒服、什么时候想骑、在什么地方想骑，有了新款车也没法通知消费者。但是共享单车有了 App，用户即使暂时不租车，也可以免费下载使用 App。一旦用户需要租车，可以立刻打开App 与共享单车的商家取得联系，哪里有可用的单车一目了然。而商家也随时掌握了用户信息，用户什么时候需要车、在哪里需要车、要骑到哪里一清二楚。你现在不想骑没关系，你现在不想付费也没关系，商家甚至可以倒贴钱让你用，只要你随时能找到商家，商家也能随时联系到你就行了，等商家慢慢琢磨出来让你愿意付费的方法，就是商家挣钱的时候了。所以，对于互联网企业来说，只要有用户，就总有一天能想出挣大钱的办法；而对于投资机构来说，现在共享单车能不能挣钱、挣多少钱都不重要，只要市场覆盖率一直增长，企业估值就会一直增长。

就这样，商业模式 2.0 的出现，让创业企业具备了短期内爆发的可能性，风险投资机构的大规模盈利成为可能，融资门槛也大大地降低了。

三、商业模式 2.0 的各种变种

商业模式 2.0 比起商业模式 1.0 来说，最大的进步就在于这种商业模式有非常强的灵活性，它可以充分利用数字商品的复制、存储成本极低这个特点产生非常多的变化。

变种一： 刚才说过的，因为用户在免费使用数字商品的时候事实上与企业保持了密切的联系，所以即便企业推出的一款收费产品无法获得用户的欢迎问题也不大。因为企业可以不断地收集用户的需求，然后改进产品，进而推出多款不同的收费产品反复推荐给用户，直到用户愿意购买。这也是互联网公司推崇"小步快跑，快速迭代"产品思想的原因，这对于互联网公司来说是一种成本最低的生产方式。这种通过一个免费产品获得用户，再反复推荐不同的收费商品的商业模式，就是商业模式 2.0 的第一个变种，我称为商业模式 2.1，如图 4-3 所示。

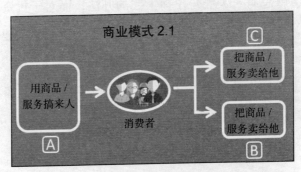

图 4-3　商业模式 2.1

　　腾讯是这一模式的典型代表。一旦你免费使用了 QQ，你就紧密地和腾讯公司联系起来了。腾讯可以通过 QQ 收集你的各种信息，分析你的各种使用偏好，然后不断地开发新产品推送给你：红钻、绿钻、粉钻、黑钻、各种会员、QQ 秀、为游戏充值、付费听音乐，也许你暂时还不会购买，但是不要着急，只要你一直用 QQ，就总有一款或者不止一款产品适合你。

　　我是 QQ 的老用户，拥有一个 7 位的 QQ 号，Q 龄 10 年以上，但是从未购买过任何一款腾讯的产品。直到大概 2015 年，我建立了一个自己的粉丝群，很快群员数量达到了普通群的上限，于是我不得不充值成为会员，以便提升群成员数量上限，但是很快粉丝数量又达到了新的上限，于是我不得不购买更为高级也更为昂贵的会员。你看，这就是互联网公司的优势，腾讯可以忍受一个用户免费使用产品 10 年，因为这 10 年来它为这个用户花费的成本是微乎其微的。但是对于一家传统企业来说，比如一家饭馆，是没法忍受一个顾客 10 年来免费使用它的桌椅板凳而不点一道菜的。

变种二：在商业模式 2.0 中，企业用免费的虚拟商品赢得了消费者，再把收费的虚拟商品卖给消费者。这里我们应该注意到，收费的虚拟商品也是虚拟商品，这就意味着企业还可以通过收费的虚拟商品，继续以低廉的成本与用户保持关系，然后继续把更新的收费商品卖给消费者。我把它称为商业模式 2.2，如图 4-4 所示。

图 4-4 商业模式 2.2

很显然，这个链条可以无限延长，只要企业能想得出这么多商品。

阿里巴巴就是这个商业模式的典型代表。用户通过使用免费的淘宝而使用支付宝，再通过支付宝使用了余额宝。用户在使用淘宝时，发现在购物的过程中没有一个第三方支付工具（尽管"第三方支付工具"这个名字是后来才有的）的确不太方便。无论是买家还是卖家在没有第三方支付工具时，其线上交易都要面临极大的风险，买家害怕交了钱卖家不发货，卖家害怕发了货买家不付钱。

所以尽管阿里巴巴在推广淘宝时的确费了很大劲，而且还跟 eBay "打了一仗"（很幸运，阿里巴巴赢了），但是等阿里巴巴推广支付宝的时候就没那么费劲了，它只需要在淘宝的网站上挂个链接，说：用支付宝你在淘宝上购物就再也不怕被骗了。于是支付宝就这样成功了（见图 4-5）。

在同一时期，除了支付宝外，还有很多款第三方支付工具，但是全都比不过支付宝。用户体验、技术都是次要的原因，最主要的原因是淘宝是当时最大的 C2C 平台，而淘宝只支持支付宝。一方面，有了淘宝的支持；另一方面，用户通过使用淘宝，对阿里巴巴公司建立了一定的信任。因此支付宝横扫了第三方支付市场，直到微信支付出现

（微信支付后来居上主要是因为移动互联时代的到来，把支付宝拉回了同一起跑线上，与商业模式无关）。

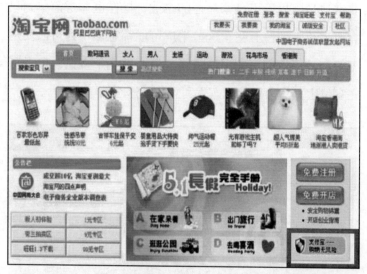

图 4-5　淘宝网 2005 年首页的支付宝广告

阿里巴巴推出余额宝的时候情况更为夸张，它只是在支付宝里加了一个按钮，让用户可以把支付宝里的余额转进余额宝中，从而获得利息（见图 4-6）。于是在短短几个月后，余额宝就成为中国最大的货币基金。

为什么其他货币基金全都做不过余额宝？因为这些货币基金如果希望募到一笔新的投资，就需要找到一个完全陌生的客户，再努力让他相信自己很安全、很可靠，还要和他签订一份非常复杂的协议，最后还需要执行开户、打款等烦琐的手续；而余额宝完全不用，它面对的就是老客户——那些使用支付宝很多年甚至十多年的老客户，他们非常清楚阿里巴巴是家靠谱的企业，操作也非常简单，只需要点一下按钮。甚至这些用户可能都意识不到自己使用了新产品，他们下意识地认为，只要按几下按钮，自己存在支付宝里的余额就能产生利息，就这么简单。

图 4-6　支付宝中的余额宝入口

在本小节的介绍里，为了说清楚，我把问题进行了简化。事实上，任何一家企业，都不可能使用单独的一种商业模式，通常是多种模式的组合。例如，你免费使用了百度搜索引擎，那么你就可能使用百度图片、百度学术、百度地图，这就是商业模式 2.1；而一旦你使用了百度地图，你就可能会使用基于百度地图的导航产品，一旦使用了百度的导航产品，你就会使用基于导航的商家推荐功能，这又是商业模式 2.2。

总之，商业模式 2.0 是一个伟大的创新，它可以产生很多变化，也可以催生出伟大的公司。

第二节 传统行业如何建立具有可爆发性的商业模式

刚刚我讲了建立商业模式的方法，显然这个方法是天然适合互联网行业的，因为这种商业模式本身就是从互联网行业诞生的。如果传统行业也希望建立具有可爆发性的商业模式，那么就必须进行互联网化改造。

首先必须明确，传统行业并不是一定要进行互联网化改造。因为企业的根本目的是挣钱，商业模式具有没有可爆发性与企业赚不赚钱没有必然的联系。比如石油行业不论怎么看都不具有可爆发性，甚至在可以预见的未来还会有枯萎的一天，但是并不妨碍石油行业是最挣钱的行业之一。由于本书说的是如何融资，如果你希望进行融资，就得遵守投资行业的规矩，那就要建立具有可爆发性的商业模式，传统行业就必须进行互联网转型。

一提到互联网转型，很多传统企业首先想到的是开设网店、创建公共账号。但是，开设网店并不是真正意义的互联网转型，这只能看作是传统企业增设的销售渠道。

真正的互联网转型是思维方式的转变，有两条路径：标准化和外部化。

一、标准化

标准化是传统企业互联网转型的基础，是指将公司业务总结成一套（可能是非常复杂的）数学模型，该模型中只涉及有限多个（可能是非常大量的）变量，并且这些变量的取值是离散且有限的。

上面这段话有点复杂，我用白话解释一下。首先，你公司的业务必须要用数学语言来描述。数学语言未必是一个函数，可以是很多函数，甚至未必是函数，也可以是逻辑表达式。

例如，你的业务是卖苹果，销售策略是用户买得越多优惠越多，那么你的业务逻辑用数学语言描述就是以下这样。

如果用户买 1 ~ 3 个苹果，则 2 元 / 个；

如果用户买 3 ~ 10 个苹果，则 1.8 元 / 个；

如果用户买 10 个苹果以上，则 1.5 元 / 个。

$$你的收入\ Y = \begin{cases} 2n\ (n \leqslant 3) \\ 1.8 \times (n-3) + 6\ (3 < n \leqslant 10) \\ 1.5 \times (n-10) + 18.6\ (n > 10) \end{cases}$$

式中，n 是用户购买的数量。

看，业务全部用数学方法表达了，而不是用自然语言进行描述。

其次，这个模型里，只有两个变量：价格和购买数量。但是现实生活很复杂，变量可能很多。比如，对于所有购买 10 次以上的老用户，不论买多少一律打 8 折，那就有第三个变量——购买次数；对于早上 10 点以前购买的用户价格上涨 10%（因为新鲜），对于傍晚 6 点以后购买的用户打 9 折（因为晚上不及时处理可能就坏了），那么又要增加两个变量——购买时间和折扣数。总之，现实情况可能很复杂，变量可能非常多（据说 Google 的搜索排名算法涉及上千个变量），但无论变量有多少，必须是有限个。因为现实生活中，的确有无穷多的因素要考虑，使用人工的好处也是可以周全地考虑到这些无穷的因素并进行灵活的处理。但是当你决定用电脑代替人工处理业务时，就必须舍弃那些影响较小的因素，只考虑有限个影响较大的因素，并且通常最好一开始考虑得变量少一些，随着业务的扩展而慢慢增加。

再次，变量的取值是离散而有限的。所谓离散，就是变量的取值是间断的，比如用户购买的苹果数量是 1 个、2 个、3 个。离散相对应的状态是连续的，从数学的角度看，数字是连续的，就是指如果有两个大小不相等的数，不论它们差距多么小，我们也总能找到一个数大于其中的一个而小于另一个（这段话不严谨，但是大家明白就行）。比如，1 和 2 之间，我们能找到 1.5；1 和 1.5 之间我们能找到 1.3；1.3 和 1.5 之间我们能找到 1.4；1.4 和 1.5 之间能找到 1.45；1.45 和 1.5 之间能找到 1.475……这个过程会没完没了。但是标准化的数学模型变量的取值必须是离散的，就是我们必须规定一个精度，到了这个精度之后，两个不相等的数字之间就没有别的数了。比如，我们把苹果的数量精度规定到个位，用户要么买 1 个苹果，要么买 2 个苹果，不许买 1.5 个苹果。

最后，变量的取值是有限的。有限是指变量有最大和最小值。刚才我们把用户购买苹果的数量分为三个区域：1 ~ 3，3 ~ 10，10 以上。事实上，在计算机处理时，这个所谓的 10 以上也并不是从 10 到无穷大，而是有一个上限，只不过这个上限可能设定得很大而在现实中几乎不可能发生，所以实际处理起来可以认为是无限大。例如，我们可以把这个上限定为 10 亿，也就是苹果数量的取值区域是 1 ~ 3，3 ~ 10，10 ~ 10 亿，但是因为一个用户几乎不可能买 10 亿个苹果，所以实际处理的时候，这个 10 亿就可以看作是无穷大了。

之所以要做这么多的规定和处理，目的只有一个：可用计算机处理业务。如果业务不能数学模型化，则计算机不能理解业务逻辑；如果变量不是有限个，那么这个模型就永远也建立不好；如果变量的取值不是离散且有限的，那么对于计算机就要求有无穷的计算和存储能力。比如用户可以买 1.33333……个苹果，这个小数点后面的 3 可以是 10 个、1 万个、100 亿个、10 兆个……那么全世界的硬盘加起来可能还不能存储一个苹果数。

为什么要把业务交给计算机处理呢？因为如果把业务交给人工处理，那么业务的增长就需要员工规模也增长，而员工规模的增长越快，管理成本就会快速上升，从而导致停止营业点到来得越快，企业越不具有可爆发性，投资人当然不喜欢这样（忘记"停止营业点"概念的读者请回过头去复习第二章第二节）。

在传统行业中，业务是非标准化的，需要大量的工作人员对每个具体的业务实例进行处理。而互联网行业由于发展的根基就是计算机程序，随着业务的扩张，人员扩张的速度会缓慢许多。

以零售行业的知名企业王府井百货（A 股，600859）和阿里巴巴（NASDAQ，BABA）为例（见表 4-1）。王府井百货是典型的传统行业企业，2015 财年线上总成交额（gross merchandise volume，GMV）为 10 781 万元，对总营收贡献不足 1%；阿里巴巴是典型的互联网行业企业，78% 的收入来自电商。在 2015 财年，王府井百货营收 173 亿元，阿里巴巴营收 700 亿元。目前王府井集团拥有员工 4.8 万人，阿里巴巴员工数量 3.4 万人。也就是说，王府井集团雇用了超过阿里巴巴 1 万多名员工，取得的营收仅有阿里巴巴的 1/4。

另外，王府井集团 2014 年管理费用为 5.9 亿元，利润为 63 亿元，2015 年管理费用为 6.2 亿元，利润为 66 亿元，也就是说百货大楼每花 1 元钱管理成本，可以获得 10 元钱的利润；而阿里巴巴的 2014 年管理成本为 10 亿元，利润为 168 亿元，2015 年管理成本为 11 亿元，利润为 222 亿元，也就是说阿里巴巴每花 1 元钱管理成本，可以获得 54 元钱的利润。

表 4-1　王府井百货与阿里巴巴 2014 年和 2015 年营收、成本对比

	王府井百货	阿里巴巴
主营业务	线下零售	线上电商
2015 年营收（亿元）	173	700
员工人数（万）	4.8	3.4
2014 年管理费用（亿元）	5.9	10
2015 年管理费用（亿元）	6.2	11
管理费用涨幅	5%	10%
2014 年利润（亿元）	63	222
2015 年利润（亿元）	66	168
利润涨幅	3.9%	32%

从上表中可以看出，传统行业的增长方式为"业绩增长——人员增长——管理成本增长"，而管理成本增长的速度又高于业绩增长的速度。这就意味着随着业务规模不断扩张，企业增长的利润迟早要被人员增长带来的成本所抵消。

所以，传统企业要转型，就要标准化，让计算机代替工人来处理业务。

二、社会化

社会化，是指当某些业务对人的依赖性过高，暂时不能标准化时，可以将其委托给外部市场。也就是说，不再雇用员工在企业内部完成此业务，而是由企业外部的社会完成此业务，企业本身则扮演管理者的角色。

我们必须承认，在实际生产中，并非所有的业务都能标准化，有些业务由于技术的原因很难标准化，我们就可以把这些业务社会化。而企业起到管理、协调、促成交易的作用，管理、协调业务本身可以标准化。

例如，咨询行业是很难实现标准化的行业，每个客户需求都有所不同，咨询的解决方案也会有所不同，这就使得每一次咨询服务都是个性化很强的体验。咨询企业想壮大，就要有大量的咨询师，而如果雇用大量的咨询师，则又会陷入传统行业的"人力规模迅速扩张——人力成本快速增加——超过企业收入规模——企业扩张陷入停顿"的循环。

果壳网推出了"在行／分答"产品，就可以看作是社会化的咨询服务行业的产品。所有咨询师都不是"在行"员工，"在行"无须为咨询师支付工资福利，咨询师的所有收入直接来自咨询者，"在行"仅作为双方低成本获知、预约、支付的平台。

目前，"在行"平台上有超过 8000 位咨询师（被称为"行家"），咨询领域涵盖生活、心理、投资、创业、互联网、健身等各个行业，这种企业规模、咨询覆盖面是传统咨询企业无法想象的。尽管咨询内容是无法标准化的，但是如何邀约咨询师、付费、评价等管理功能是可以标准化的，这就是"在行"App。

另一个社会化的典型案例是滴滴出行。滴滴出行目前已经发展为中国最大的出租车调度平台和事实上的出租车公司，在滴滴出行上注册的出租车、网约车司机超过 1500 万人。

在此之前，国内最大规模的出租车公司是上海大众交通（集团）股份有限公司，该公司拥有的出租车不足 1 万辆，司机不超过 2 万人。由于目前的技术条件，每辆出租车都需要配备一名驾驶员，有些公司会配备两名（早晚倒班），因此开车的业务无法标准化。传统的出租车公司需要承担巨额的管理成本，因此当企业雇用的司机人数达到 2 万人时，就达到了行业天花板，不能再继续扩大生产规模。

滴滴出行由于将驾驶业务完全社会化，所有的驾驶员与滴滴出行均没有雇用关系，因此不需要承担高昂的管理成本。留在企业内部的业务完全是研发、运营"滴滴出行"平台，而这个业务是可以标准化的，目前滴滴出行内部员工约 6000 人。

一项业务不能标准化有时是暂时的，比如出租行业无法标准化是因为每辆车都要有司机，但是随着无人驾驶技术逐步成熟，出租车行业可能不再需要司机，标准化的可能性迅速增加。而且出租车的运营方式可能会有翻天覆地的变化，例如，由于车辆可以 24 小时运营，所以晚间打车也不困难了。由于不需要司机，所以出租车可能变成一个移动的餐厅、KTV 等。因此，未来可能会有新型公司颠覆滴滴出行。

第三个社会化的案例是"河狸家"。传统美甲店不仅要支付美甲师工资，而且要交付房租。由于美甲行业并没有太高的进入门槛，导致传统美甲店成为房东的打工者——美甲店在房东面前毫无议价能力。做得好了，房东立即涨价；做得不好，美甲店自己倒闭。因此，美甲店很难做到规模很大。

然而"河狸家"既不雇用美甲师，也不租赁门店，而是由顾客直接通过 App 与美甲师联系，再由美甲师上门服务。"河狸家"不支付美甲师工资，所以可以调度巨量的美甲师；"河狸家"也没有线下门店，所以也不用考虑房租问题。即便有一天"河狸家"需要开设线下据点（而不是传统的门店），由于其巨大的体量和用户触达能力，因而具有较深的行业"护城河"，使得"河狸家"在房东面前具有较高的议价能力，而不至沦为房东的打工仔。

第三节　商业模式的常见错误

在常年的创业辅导中，我遇到很多对商业模式的错误理解。总结起来大致有以下几项。

一、把企业愿景当作商业模式

很多企业把自己的企业愿景当作商业模式。比如"建立华人最大的上门按摩公司""帮助消费者实现美好的人生"。商业模式是一套逻辑，而企业愿景只是一句口号。或者说，商业模式是如何达到企业愿景的路径，而企业愿景只是最终的目标。每家企业都会有一个美好而远大的目标，但不是每家企业都有切实可行、巧妙而低成本的方法，而投资人看中的恰恰是通向成功的方法。

对于只有口号、没有方法的创业团队，在投资人眼中就是建立在沙滩上的高楼，随时都有倒塌的可能性。或者说，找到投资人的创业团队，有目标的很多，有方法的不多，而投资人就在寻找那些有方法，而且方法足够可行、有效的创业团队。

二、对于平台类项目而言，未能精确定位自己的用户

平台类产品是撮合两方或多方使用者达成交易的产品类型，例如，大家所熟知的淘宝、滴滴打车、猪八戒网等。平台类产品自身不参与交易，而是撮合交易双方，降低交易成本。

很多创业者认为平台类产品的用户是参与交易的双方，但是错了，事实上，平台类产品的用户只能是其中一方。

这是因为对于交易双方来说，根本需求是矛盾的。例如，消费者希望以最低价格买到最好的商品，销售者希望以最高的利润卖出成本最低的产品。这个交易的过程就是双方达成妥协找到平衡点的过程。平台并不能改变这个矛盾，只能让交易双方以更低的成本达成妥协。即使没有平

台类产品，交易双方依然可以找到平衡点，只是成本较高。例如，即使没有淘宝，消费者依然可以买到想要的商品，但是价格可能更高；或者直接前往义乌小商品市场购买物美价廉的商品，但是要付出交通、食宿等成本。所以，平台类产品存在的价值就是降低交易双方达成妥协的成本，而这个平衡点通常会倾向某一方，所倾向的一方，就是平台类产品的用户。那么到底要倾向哪一方呢？请去看第三章第二节，那里告诉你，选择性价比更高的那一群人作为用户。

三、简单罗列已掌握的资源，但未能说明内在的逻辑

很多创业团队在说到商业模式的时候，只是简单罗列了自己所掌握的资源，例如，"我们拥有最先进的技术""我们拥有当地政府的支持""我们的合作伙伴拥有强大的推广渠道"。但是未能说明组织这些资源的内在逻辑，即怎样在政府的支持下运用技术制造好的产品，并通过推广渠道取得优秀的销售业绩。

对于同一个领域的创业团队来说，由于生产大环境是类似的，因此拥有的资源也是大体相同的，最大的区别就是运用这些资源的内在逻辑。有的项目运用得好，合理；有的项目运用得不好，不太合理。对于投资人来说，拥有

什么样的资源并不是对团队的考察重点，也不是团队间的主要差异，如何合理运用这些资源才是团队间优劣的重要标志。

四、追求大而全

很多创业者追求大而全的商业模式，认为应该在商业模式中包含尽可能多的商业元素，或者将核心商业模块的周边模块也一并包含进来，这可能会更加安全，更加有竞争力，更容易获得投资人青睐。事实上并不是这样的，投资界的主流观点恰恰相反，投资人更喜欢小而美的创业项目。这是因为初创团队常常缺乏资金、经验、资源、人力，很难同时处理好多个业务，失败风险太高，大而全的机会窗口已经过去了。

大而全的创业项目最佳的时间窗口是在 20 世纪 90 年代，那时的中文互联网如同一片荒漠，如同美国西部大开发一样，是"跑马圈地"的时代。无论你选择哪个互联网创业方向，都不会有人和你竞争，能否成功只取决于自己做得够不够好。仔细回想一下，现在的门户网站都是在那个时代诞生的。但是，现在的中文互联网行业已经如同北京的二环内那样繁华拥挤、寸土寸金了，凡是容易想到的创业方向都有巨头阻击你，再想"跑马圈地"式的创业已经没有可能了。现在的创业者只能在一个无人认领的小角落深入挖掘。

在我常年教学的过程中，这个问题的争议最大，很多同学都向我表示不认可。这些同学往往思路清晰、语言流畅，反驳起来并不容易。但是，无论思路再清晰、辩论再犀利，也改变不了产品要小而美这个结论。因为，这个结论并不是投资行业开会、辩论得出的结论，而是通过无数血与泪的教训得出的结论。

例如，盛极一时的凡客诚品，估值曾经高达 30 亿美元，但由于其盲目扩张规模，库存量单位（stock keeping unit，SKU）一度高达 5000 万，导致负债 19 亿元，其天使投资人雷军、徐小平谈及凡客诚品项目均遗憾不已。事实上，在创业早期，凡客诚品是相当成功的，当时凡客诚品的目标是做大家都买得起的好衬衫。但是，随着"凡客体"走红互联网，凡客诚品获得了越来越多的用户，凡客诚品的目标开始成为生产全品类的服装服饰，创始人陈年甚至一度表示要收购美国知名布鞋品牌匡威。但正是因为这种盲目的扩张，使得凡客诚品库存庞大，资金链断裂，一度处于破产边缘。

因此，对于初创期项目，不必追求大而全，而要专注于自己的领域，深度挖掘，做"1 厘米宽、1 公里深的业务"。

第四节　商业模式改进实例

下面将通过 4 个真实的创业项目案例，来展示如何设计一个具有高爆发性的商业模式。

一、从农家乐到高端连锁庄园

项目简介：本项目是杭州富春区某农家乐项目，占地 400 余亩，设有食堂、住宿、会议厅、多功能厅、儿童游览区等。年接待游客 10 万人，流水 800 万～ 1000 万元，利润 80 万～ 100 万元。

原商业模式及点评：本项目商业模式较为简单，即"招揽游客——住宿餐饮消费"的模式。此模式对项目收入增长限制很大，由于客房数量、餐位数量是有限的，这就决定了每年可接待的游客数量也是有限的，且餐费、住宿费的客单价也是大体不变的。对于农家乐项目，游客多为一次性消费，反复购买的情况并不多见，这就意味着整个项目的年收入没有增长的可能性。事实上本项目在过去的 5 年间一直保持在年流水 800 万～ 1000 万元的水平，确实没有增长。

另外，由于员工薪资在不断提升，特别是《劳动法》对员工利益保障越来越严格，社保、公积金、最低工资等成本每年都在增加，导致整个项目的利润率逐年下降。

改进后的商业模式： 经过对项目的详细考察和分析，发现本项目坐落在富春风景区，是电影《富春山居图》的外景拍摄地；周边景色宜人，建有大量高档别墅区、高尔夫球场、高端酒店、高端养老社区，离湖畔大学车程仅 20 分钟，聚集大量高净值人群。

因此需重新为项目设计商业模式，用户人群定位于中高端消费人群。对于这部分人群，住宿、餐饮并不是主要的消费方向，而精神追求、内在修养、财富管理则是较为关注的方向。

也就是说，住宿、餐饮等内容不应当是商业模式核心，而应当是商业模式的基础部分。同时考虑到紧邻项目的就是浙江省级的互联网金融孵化器，富春风景区又是传统文化的主要集结地，从而确定了以餐饮住宿为基础服务，以财富、文化教育为核心的商业模式。具体而言，就是高净值人群的父母一辈多为中年成功商人，面临传统行业再创业或风险投资转型，因而适合进行风险投资、互联网转型等方向的培训；而子女一代需要行为举止贵族化教育，培养这一代人的气质、才艺、面向未来的竞争力等文化教育。

教育培训离不开餐饮、住宿，对原农家乐的硬件设施只需稍加改进升级即可满足需要；培训方面虽然不是原项目的特长，但可以通过外包、与专业团队合作等方式解决。

当商业模式的核心从餐饮住宿转移到高净值人群教育培训后，带来的效果也是明显的：第一，客单价大幅上升，从之前80元/人上升到200 000元/家庭（3～4人）；第二，用户粘性显著增加，大量用户因为培训的需要反复入住、消费，并吸引周边亲友加入；第三，聚集效应明显，过去本项目创始人一直为融资发愁，商业模式改变后突然发现顾客都是有钱人，直接在自己的顾客中发起众筹融资即可轻松解决融资难题；第四，政府支持，由于进行了风险投资教育，符合"双创"政策导向，培训后的学员又成为投资人，组建基金为当地创业项目注资，获得了当地政府的政策、资金扶持；第五，过去以住宿、餐饮为核心的商业模式对与地域限制很大，要求项目必须处于风景区，改为教育培训为核心后的商业模式对于地域要求不大，只要基础硬件设施达标即可开展业务，因此全国各地符合条件的私人庄园、会所都可以加盟，实现了另一个业务增长点。

二、从体操课外班到奥运冠军创业孵化器

项目简介：这是某奥运冠军的创业项目。该奥运冠军退役后决定创业，从自己最熟悉的体操培训做起，并结合

自身的资源优势，带动多位奥运冠军参与创业。

原有商业模式及点评：本项目原有商业模式是简单的课余体操训练班，主要收入靠培训费和会员费，未来考虑加入运动餐、运动服饰等。

2016 年是我国体育创业元年，一般观点认为，人均 GDP 超过 8000 美元之后，一个国家的文娱、体育产业开始兴盛，而 2016 年恰好是我国人均 GDP 超过 8000 美元的一年，很多体育创业项目崭露头角。

本项目原本的模式很简单，创始人希望凭借自身在体操方面的专业水准开设体操训练营，针对青少年开展课余体操培训。

经过分析，此项目局限性较大。首先，用户人群较少，体操爱好者的人群数量比足、篮球爱好者少了两个数量级。原因是多方面的：体操本身是相对冷门的体育项目，爱好者数量本来就较少；而体操运动对场地、器材要求较高，进一步限制了受众人群；另外，体操具有一定的危险性，特别是我国体操运动员桑兰的意外受伤，让体操运动蒙上了一层阴影。由于幸存者偏差，体操运动员身高普遍偏矮，使得大众抱有"练体操不长个儿"的偏见，家长不愿意让孩子参加体操运动。

其次，传统的门店由于面积固定、营业时间固定、学费固定，导致月收入固定，想要提升收入只有增加营业面积或者开设新店两条途径。无论哪种途径都会相应增加房租成本，人力成本的增长更快。

最后，教育行业的特点是使用者与买单者分离，孩子是使用者，家长是买单者。而中国国情决定从 12 岁左右开始，一切非高、中考范围内的项目，家长买单意愿会大幅下降。这就意味着对于绝大部分学员来说，在学习体操五六年后，会出现断崖式的流失。

因此，线下培训班的模式并不是一个可持续增长、有爆发力的方式。

奥运冠军创业优势和劣势都非常明显。优势有：专业性强、名人效应高、冠军家乡政府支持力度高。劣势有：不了解商业规律、不熟悉企业治理、不擅长市场化运作。

改进后的商业模式： 2016 年里约奥运会中国代表团成绩平平，成为体育体制改革的直接原因。很多奥运冠军都有退役后创业的打算，体育总局领导也表示乐见其成并给予支持。在这样的大环境下，结合奥运冠军创业的优劣势，就重新为这个项目设计了商业模式。

第一，将培训重点放到学校内培训，而不是线下门店培训，一方面可以节省门店的房租支出，另一方面依靠学校可以有稳定的生源和收入。

第二，目标人群进一步聚焦于高端的私立小学。原因是这一部分人群消费能力更强，且中、高考压力较小，家长对子女的教育除去学习成绩，更注重气质、才艺等方面的培养。

第三，建立辅助升学体系。私立学校学生有很大比例不会参加国内高考，而欧美的留学通道中对于取得体育比赛名次的学生有比较大的优惠倾斜；在国内，很多"双一流"高校对于体育特长生的入学政策也非常优惠。结合奥运冠军在社会资源，特别是赛事资源方面的优势，可以帮助学员更轻松地获得国内、国际相应赛事的好成绩。

第四，以体操为切入点，完成"校内教育——赛事链条——辅助升学"的模式之后，任何体育项目都可以模块化植入。奥运冠军只需要提供自己优势项目的训练方法、赛事资源，即可取得公司股份和收益分成；公司的日常经营管理、商务拓展均由专业的管理团队完成，充分地发挥了奥运冠军专业强、社会资源好的优势，规避了企业管理经验不足、商业拓展能力差的劣势。

第五，所有成为股东的奥运冠军组团进行市场宣传，制造媒体效应，节省推广费用。特别是到奥运冠军的家乡进行宣传招商，利用奥运冠军的社会资源优势，争取当地政府的有力支持。

三、从体重秤到孕期女性美体计划

项目简介：这是一个为孕妇开发的智能体重秤项目，用户在称重后，体重秤将数据自动传输到服务器，用户可以通过 App 查看。

原有商业模式及点评：本项目的商业模式很简单，就是直接售卖硬件。在中国传统文化中，对于在孕期的孕妇通常会采取过量的补充营养，而不提倡运动。但是现代医学的观点认为，孕期的孕妇需要适度的运动，并将体重保持在一定的范围内，这样对于孕妇和胎儿的健康才是有利的。因此，妇产医生会要求孕妇定期测量体重，并定期检查。

体重秤对于孕妇是有价值的，孕妇的确有一定的购买需求。但是，智能体重秤对于普通体重秤来说并没有特别的优势，因为并没有击中孕妇的痛点。孕妇需求的是测量体重，而自动记录体重并不比手动记录节省太多时间，反而要耗费用户下载 App、打开 App、查询等时间。特别是对于孕妇来说，一旦孕期结束，产品就失去了价值，用户迅速流失；同时，由于用户只有定期产检的时候才需要向医生展示体重，App 的打开周期会比较长，使用频率不高。

在着重分析了团队掌握的资源后，发现团队从孕妇运动培训起家，有丰富的培训师和廉价的培训场地资源。而且，团队还可以与健身房合作，利用健身房工作日白天的廉价时间，并着重选择人口密集小区或者妇产医院、保健院附近的健身房。

改进后的商业模式：一方面，以体重秤为切入点和获取用户的入口，在 App 中植入大量的孕妇控制体重的教程；另一方面，开展线下孕妇运动训练，当孕妇体重超标后，即可通过 App 报名参加附近的训练课程。课程可以分为一对多普通教学和一对一重点教学。

在孕妇分娩后，可以继续进行产后体型恢复的美体训练，在哺乳期结束后，可以继续进行健身训练，将用户链条从不足 10 个月延长到 2～5 年，甚至更长；产品从单一的体重秤扩展到训练课程、配餐、服装、运动器材、母婴用品等多个品类。修改后的商业模式在较长的周期内都可以不断积累用户、获得收入，老用户的消费额度也在不断攀升，完全具有可爆发性。

四、从耳机到智能跑步音乐电台

项目简介：这是一个无线智能耳机项目，用户在佩戴耳机时不仅可以听音乐，耳机还可以通过各种传感器获取用户的心跳、血压、体温、步频等数据。耳机的防水级别达到 IPX5，即可以有效地防雨滴、防汗水，因此本产品很适合用户在户外运动（如跑步）时佩戴。同时，配合硬件产品，团队还开发了 App，可以通过分析用户的生理数据，为用户提供合适的健身课程。

原有商业模式及点评：本项目的原有商业模式中规中矩，是典型的"硬件 + 软件"的模式。但问题是，原有的商业模式并没有充分体现耳机的特点，与普通的运动手环、手表没有太大区别，任何一个运动手环都可以获取用户的运动生理数据，也可以通过 App 为用户提供合理的运动建议。一个运动手环价格仅几十元，而一个运动耳机要几百元甚至上千元，采用相同的商业模式，运动耳机在价格上毫无竞争力。

为此，应当深入挖掘运动耳机的特点，找到与其他产品的差异竞争。

改进后的商业模式：考虑到用户在运动中佩戴耳机主要的目的是为了听音乐，而且是与运动场景相配合的音乐，而如何从海量歌单中找到相应的歌曲是一个痛点。运动过程匹配音乐并非简单地事先挑选用户喜欢的音乐，因为在运动过程中心跳、频率、呼吸等因素影响，并不是所有歌曲都适合伴随运动，比如三拍子的歌曲就不适合伴随跑步。目前在市面上主流的解决方案是由运动达人根据运动特点设置歌单，但这个解决方案也有不足之处。一方面，由于是事先设置的歌单，并不一定适合运动瞬时的状态；另一方面，由于某些运动的特点，有大量的歌曲适合伴随运动，这样选择某首歌曲而不选择另一首，就完全取决于用户的音乐品味。这样，设置歌单的热门用户事实上就是那些对音乐品味更有见识，更符合主流音乐品味的音乐达人。一个本来为体育爱好者研发的体育类产品，最后的核心节点用户竟然不是体育达人而是音乐达人，这个商业模式从根本上是不符合逻辑的。

通过耳机解决这个问题则更顺理成章：第一，佩戴耳机的用户目的就是听歌曲，如果耳机能够根据用户的运动状态推荐相应的歌曲是自然而然的事情；第二，由于耳机自带多种传感器，可以获得用户瞬时的生理数据，结合一定算法即时推荐相应的歌曲会比事先设置好的歌单更为准确；第三，由于耳机在耳道内，用户的语音指令可通过口腔直接传导，无须通过口腔外的空气传导再进入耳道，用户可以用更小的声音进行控制，这非常适合运动中的控制。

根据以上的分析，团队放弃了为用户提供运动教程的方向，专攻音乐推荐方向。团队主要成员就职于某一线互联网公司，与腾讯音乐、网易音乐等版权库有很好的合作与联系，因此可以将本产品打造为运动音乐电台。用户在佩戴耳机后进行运动，产品根据用户的运动状态并通过一定算法从歌曲库中推荐适当歌曲给用户，用户还可以通过语音"喜欢""下一首"来帮助改进算法学习。同时，购买耳机可以赠送歌曲库的会员，不仅可以收听收费会员才能享受的无损压缩音质，而且可以享受会员专享的定向流量，解决了户外运动时的网络流量问题。

佩戴智能耳机的用户全部都是需要欣赏音乐的精准用户，耳机与大型歌曲库合作，不仅可以作为这些歌曲库的流量入口，还可以为歌曲库带来更多收费用户；既可以通过这些歌曲库的资源获得更好的销售渠道，未来也可能成为大型歌曲库的收购对象，从而为投资资本做好一条退出通道。

总之，一个好的商业模式是早期创业团队获得融资的重中之重，也是投资人考察创业团队是否值得投资的重要切入点。创业团队应当高度重视自己的商业模式，反复梳理和修改。

同时，对商业模式本身的思考，也是创业团队审视自身创业想法、规划的好途径。很多团队本身的创业设想不合理，缺乏逻辑性和可执行性，在梳理商业模式时就会发现讲不通、说不清。此时，就应当在团队内部反复讨论，或者请教有经验的专家，一同将商业模式梳理清晰。

第五章

来一场打动投资人的演讲

现在我们设计好了商业模式，也撰写好了商业计划书。我们在前面说过：商业计划书是一块敲门砖，它的作用就是敲开投资人的大门。本章，我们就要讲讲你要怎样去"敲"。

通常来说，"敲门"可以采取两种方法：①把商业计划书发送到投资人的邮箱；②参加一场路演。

所谓路演，可能有些读者没听过，我来简单解释一下。路演是外来词汇，英文是roadshow，原本的含义是指在公共场所进行演说、演示产品、推介理念，及向他人推广自己的公司、团体、产品、想法的一种方式。也就是说，只要你在公共场合推介自己的东西，都可以称为路演。在创投领域里，路演特指创业者面对多位投资人的公开演讲，展示自己的项目，吸引投资人进行投资。

很显然，这两种"敲门"方式各有利弊：投递商业计划书的优势在于成本低，你可以同时向上百家投资机构投递商业计划书，这种做法也被称为"海投"，弊端在于每封邮件被阅读的概率比较低，颇有大海捞针的感觉；而路演的优势就在于你可以面对面地和投资人交流，虽然交流的时间有限，但是至少你能见到投资人（并且就算出于礼貌投资人也会听你讲完），坏处就是你必须要准备好一次演讲，否则可能就会面对一次冷场的尴尬（更何况，你可能会面对投资人尖锐的问题，让你当场下不来台）。

正是因为这种种弊端，很多创业团队对路演感到恐惧，乃至抗拒。但是，这种恐惧是必须克服的。作为创业者来说，经常面临的一个问题就是向他人介绍自己的想法，从而让他人对自己的想法感到认同。这个他人可能是投资人，也可能是合伙人、合作伙伴、公司员工、潜在客户。因为创业者本质来说就是在做一件前所未见的事情，到底对不对、能不能成功，所有人都不是百分之百肯定的，这就需要创业者善于展示自己、善于说服他人，让怀疑者成为支持者，公司才有可能发展壮大。

笔者为很多创业团队针对公开路演进行过辅导，发现很多团队公开演讲的障碍可以总结为三个方向：心理恐惧、文稿不顺、缺乏演讲技巧。本章，我们就要针对这三个方向告诉大家如何改善自己的路演表现。

第一节　关于路演的一些小秘密

本书的读者可能有些已经参加过路演，有些还没有参加过路演。在这里我先为没有参加过融资路演的创业者简单介绍一下。

路演，本质上是一种演讲。由创业者将商业计划书当面讲解给投资人，并回答投资人相关的问题。

路演又分为公开路演和私密路演。公开路演，就是除了创业者和投资人之外还有很多观众，这些观众可能也是创业者，或者是潜在的投资人或是其他的什么人。一般来说，公开路演的观众人数在几十到几百人，投资人从几个到十几个，有时也会有几十个，创业团队从几支到十几支。每支团队演讲时间在 10 分钟左右，演讲之后还有 5 分钟左右的投资人提问时间。一支团队讲完自己的项目后还可以留下来听其他团队的讲解。私密路演，就是没有观众的路演，只有投资人和创业团队。投资人只有几个，甚至只有 1 个，创业团队也只有少量的几支。每个团队不能留在会场听其他项目的讲解，通常主办方会为等待讲解的创业团队安排休息室。

这两种路演有不同的作用和价值，有不同需要的创业团队可以选择参加不同类型的路演。

公开路演通常投资效率比较低，很多投资人参加很多场公开路演，但没有投资任何一个项目。造成这种现象的原因很多，比如为了保证参演团队数量，主办方很难严格筛选团队质量；投资人虽然多，但是分布在各个投资领域，所以和创业团队对口的投资人反而不多；等等。根本原因是，主办方举办公开路演的目的并不是为创业团队解决融资问题，而是进行一场宣传活动。

为什么说公开路演是一场宣传活动呢？我们很容易想象，主办方为了举办一场公开路演，需要投入各种成本，如场地、人员、物资（如招待来宾的茶点）等。但是，你是否想过主办方的收益是什么呢？显然不可能是创业团队获得投资后的返点。且不说主办方能否与参演团队签订服务协议，即便签订了也很难控制逃单的问题。事实上，主办方的主要收益来自观众。公开路演的主办方通常是孵化器、FA 机构或者其他与创投服务相关的商业机构，通过举办公开路演吸引大量观众，而愿意参加公开路演的观众绝大部分也是创业者，也就是主办方的潜在客户。可以说公开路演就是主办方的一次市场活动，通过举办公开路演达到宣传自己、提升知名度的目的。

所以，对于主办方来说，能够吸引来越多、越精准的观众，收益就会越大。为了达到这个目的，主办方会尽可能邀请知名的投资人，因为只有知名的投资人才能吸引足够多的创业者。但是知名的投资人通常很难请，原因有三：首先，他们工作繁忙，有太多需要出席的场合；其次，他们对参演的创业项目质量要求很高，太过普通的项目他们实在提不起兴趣来，然而好的项目又要求有足够知名的投资人才会愿意报名参演，这样很容易形成一个先有鸡还是先有蛋的无解局面；最后，知名投资人参加的活动对于规模、报道媒体、场面环境要求很高，增加了主办方的成本。所以主办方就采取数量战术，如果请不来特别知名的投资人，就请名气相对差一点但是数量足够多的投资人。反正对于创业者来说，就算见不到大牌投资人，但是如果能一次见十几、二十几个不知名的投资人也是可以接受的。所以主办方会努力邀请尽可能多的非知名投资人到场，这就决定了投资人的关注领域必然会五花八门、各行各业。当然，尽管出席的投资人不是特别知名，但是也不是泛泛之辈，主办方会尽量从那些有一定知名度的投资机构里请到有一定等级的投资人（如投资总监）以吸引观众。

请到投资人之后，主办方还要请到数量足够多的参演创业团队，数量不能太少，一般是 7 ～ 10 支。因为对于观众来说，参演团队太少就意味活动时间太短，考虑到通勤成本就不太值当了。如果按每支团队演讲 10 分钟、问答 5 分钟计算，7 ～ 10 支团队总共需要 2 ～ 2.5 个小时，再计算上常见的延时、团队上下场的过渡时间、主办方自我宣传的时间，整场活动在 3 ～ 4 个小时就比较合适了。

所以你看，一场公开路演基本就是一场秀，投资人没有那么强烈的投资意向，主办方也没有必须促成融资的动力，投资效率自然会低下。

那么创业团队是不是就不要参加公开路演了呢？也不尽然。创业团队可以把公开路演当作是自己宣传、展示的舞台，让更多的投资人知道，认识更多的投资人也不是坏事。另外，通过公开路演也是有可能获得融资的，虽然对于主办方来说公开路演的主要目的不在于促成融资，但也不能总是不促成融资，否则对于主办方的声誉也有一定影响。

说完公开路演，再来讲讲私密路演。

私密路演的融资效率相对来说就要高一些，因为主办方举办私密路演的主要目的就是促成融资。举办私密路演的通常是融资中介机构甚至投资机构本身，融资中介机构通过组织私密路演收取融资服务费（融资成功后收取），投资机构通过组织私密路演挖掘好项目。可见，无论融资中介机构还是投资机构，如果私密路演的成功率太低，那么组织的意义就不大了。

主办方通常会通过如下手段提高成功率。

1. 严格匹配投资人。主办方会根据每个项目的创业方向邀请相应领域的投资人，使投资人和创业项目尽量匹配。同时，为了进一步提高投资效率，私密路演一般会邀请级别较高的投资人，如投资总监、副总裁甚至合伙人，这样如果投资人看好某个项目，就可以尽快决策。既要严格匹配又要高级别，导致每次私密路演的投资人也会比较少，通常只有 3 ～ 5 个，有时只有 1 个。

2. 严格筛选项目。主办方会广泛收集创业项目，然后进行严格筛选，挑选出那些投资价值较高的项目，邀请参加路演。有时主办方还会事先把项目的商业计划书发送投资人，只有投资人明确表示有兴趣的项目才会邀请路演。由于筛选标准严格，所以每一次路演能够邀请到的项目团队也就比较少，通常 2 ～ 5 支。

3. 延长每支参演团队的演讲时间。对于公开路演来说，由于项目太多，必须控制每支团队的演讲时间，以免活动整体时间太长。但是对于私密路演来说，参演团队比较少，每支团队的演讲时间就可以延长，这样团队可以讲解得充分一些，也便于投资人和创业团队交流。

私密路演的主办方一般不会邀请观众，原因有 3 个。

1. 主办方主要目的不是宣传自己，所以也没有邀请观众的动力。而邀请观众本身也会牵扯到精力、成本，观众多了对场地也有一定要求，进一步增加了不必要的成本。

2. 由于参演团队和投资人都比较少，活动场面缺乏观赏性，所以很难吸引到观众。

3. 参演团队对项目内容有保密的需要，特别是在这种私密路演上，投资人和项目匹配度较高，又有事先的准备，投资人提出的很多问题都会涉及企业的商业秘密，所以参演团队不希望有第三方在场，甚至连其他参演团队也不会允许旁听。主办方通常会为其他参演的团队准备单独的房间等候。

对于融资比较迫切的创业团队，参加私密路演是比较好的选择。但是私密路演反过来对参演项目的质量要求比较高，团队要对自己的项目有足够的把握。

第二节 克服上台恐惧症

不论是公开路演还是私密路演，都是在众目睽睽之下讲解自己的项目，都是演讲，有些创业者对于演讲感到恐惧。有人说，一想到第二天就要上台，我紧张的手心流汗；也有人说，如果只面对一个人，我知道说些什么，而如果面对很多人，我就不知道该说什么了。这些表现，大概就是人们常说的"上台恐惧症"。

对于创始人来说，无论如何都要克服"上台恐惧症"，因为一旦开始创业，就意味着你要无数次地在众人面前演讲，你不仅要说服投资人，更多时候你是要说服你的合伙人、公司员工。因为创业的过程就好比在一片黑暗中摸索前行，每个人都可能认为自己所认为的方向是正确的方向，怎样说服所有人向同一个方向走，是创始人经常要面对的挑战。

那么如何克服"上台恐惧症"呢？很简单，因为根本就没有"上台恐惧症"。

"上台恐惧症"不是一个医学概念，也不是一个心理学概念。从生理的角度上讲，并没有这样的一种病，而是类似"密集恐惧症""拖延症"一样，是人们对日常生活中常见负面情绪的一种直观、贴切的叫法。

有些人不敢当着众人讲话，听众一多就紧张；而有些人则喜欢当着众人讲话，观众越多越兴奋。后一种人就像演员一样，观众越多越高兴；又像是运动员一样，在正式比赛的时候能够超常发挥，取得比训练时更好的成绩。这种是否喜欢在众人面前表演的性格，很可能是童年时的偶然经历造成的。

每个人都追求心理的舒适区域，如果你做了一件事情让你感受到心理愉悦，那么你就会经常做这件事情，从而持续获得心理愉悦；但是一段时间后，同样强度等级的愉悦会让你麻木，你就会尝试把那件给你带来愉悦的事情做得更激烈一点，带来更高强度的心理愉悦。比如，偶然一次在班会上讲故事让你获得了老师、同学的赞扬，你就会不断地尝试在老师、同学面前讲故事，从而持续获得赞扬。但是很快，同班同学的赞扬已经让你觉得麻木了，你就希望能够在全校升旗仪式上发表演讲，从而获得校长和全校同学的赞扬。想要在升旗仪式上演讲，班会上讲故事的水平就不够用了，你就要继续锻炼自己，要讲得更加出色、表演更加生动、讲稿更加精彩、神态更加丰富。等你习惯了在全校面前演讲的时候，你就会希望参加全市的演讲比赛，然后是全省的、全国的……在这个过程中，你收到的心理愉悦感越来越强烈，同时你的演讲水平也就越来越高。

反过来，如果一件事让你感到心理不舒适，你就会尽量避免再做这件事。比如，你在班会的讲故事大赛上"演砸了"，故事没有讲好，忘词了，于是被老师批评、同学嘲笑，从此你就会尽力避免当众讲故事，进而发展为尽量避免当众讲话。久而久之，你的演讲水平没有任何进步，还停留在"班会上把故事讲砸了"那个水平。现在突然要求你上台面对投资人，讲解自己的创业项目，讲解得好坏决定了能否拿到投资，甚至决定了项目的生死存亡，面对这样的压力你当然会下意识地逃避上台演讲，如果实在逃避不了就会感到焦虑和紧张，这就是"上台恐惧症"。

这种"感到心理愉悦就会追求做某件事，感到心理不舒适就会避免做某件事"的行为模式被称为"正反馈机制"，被广泛地应用到各种产品设计中，最典型的应用就是游戏设计。我们在玩游戏的时候总是沉迷其中，不知不觉就过去了好几个小时，甚至有些痴迷的玩家会花费成千上万的金钱为游戏充值买装备，为什么呢？如果我们仔细观察游戏设计，就会发现这样的规律：游戏开始时我们两手空空，任何一个野怪都打不过。后来我们捡到了一把木剑，就可以杀死野兔了。我们开始会很高兴，但是很快杀野兔的快乐就让我们麻木了。通过卖兔肉我们攒了一笔钱，买了一把铁剑，于是我们不仅可以杀野兔，还可以杀野猪了。我们便不断地杀野怪，升级，获得更好的武器，杀更厉害的野怪……为了增强我们的心理愉悦感，游戏开发者还要把我们每一次的伤害数值显示在野怪的头上，我们可以直观地看到自己的伤害力从之前的几百点渐渐增长到了几十万点，特别是每装备一把更高级的武器、每提升一次等级的时候，伤害数值都比以前有了明显提升。于是我们的心理愉悦感不停地被满足，也就会不停地玩下去。

学习则是一个典型的反面例子。在我们学习的过程中，很少能感到心理愉悦，最常感到的就是做错题了、考试砸了、书看不懂了、被老师骂了的这种挫折感。于是我们就下意识地逃避学习，去追求那些能经常给我们带来心理愉悦感的电子游戏。我们越是逃避学习，越是听不懂老师在讲什么；越是听不懂老师在讲什么，就越是逃避学习。而那些学霸则拥有某种过人的天赋，要么记忆超强，要么逻辑严密，要么心算过人，所以他们在学习过程的最开始发现题目很简单，一做就对，一看就会，便收获了老师的夸奖、家长的奖励、同学的羡慕。为了能够经常感受这种愉悦感，他们就要坚持学下去，让记忆力更强、逻辑推理更严密、心算更准确，做更难的题，得更高的分，从班级第一到年级第一，再到全校第一。

了解了"上台恐惧症"性格形成原理，我们就要利用此原理克服这种性格缺陷。既然我们知道我们不愿意公开演讲的原因是源于童年的某一次失误，那么我们就从重新获得赞扬开始做起。

首先，可以精心准备一个小故事、小笑话、小段子，把它背熟、练习好，在朋友或家庭聚会的时候讲给其他人听。当看到朋友、家人听完笑话开心一笑的时候，就可以初步感受到当众成功演讲所带来的心理愉悦感。然后经常在各种聚会讲这个笑话、段子、故事，直到自己希望讲一个更复杂的内容给更多人听为止。不断重复这个过程，慢慢就会发现自己喜欢在很多人面前演讲，并且享受演讲时听众开心大笑、鼓掌喝彩的时刻。

其次，要反复地与身边的朋友、投资人或其他信得过的人讨论创业项目，把那些错误的、行不通的地方一一改正，建立具有可爆发性的商业模式，撰写清晰简洁的商业计划书，从而建立对自己项目的自信。有些创业者看似对自己的项目十分自信，但这只是表面上的自信，内心其实是不够自信的，表现在一旦他人对自己的项目表现出一点点质疑就会发火生气，觉得对方不懂、外行。之所以会有这种表现，就是创业者在内心深处对自己的项目是有所怀疑的，但是又不敢把这种怀疑表现出来，否则自己这些年的坚持、付出的代价、失去的机会不都没有价值了吗？对于一个创业者来说，不要自欺欺人。项目有问题不可怕，发现、改正甚至转型就好了，真正可怕的是坚持做一个错误的项目，不仅没有结果，也耽误了大量的时间。只有真正建立了对自己项目的自信，才能够在投资人面前自然大方、侃侃而谈。

最后，创业者要对自己的演讲内容足够熟练。演讲时最忌讳打磕巴、忘词，因为越是忘词就会越紧张，而越紧张就更容易忘词。创业者可以先将演讲稿准备好，然后反复背诵练习，达到熟练的状态。当把自己的演讲内容背得纯熟时，就会发现演讲起来不仅话语流畅、语气自然，一些很难克服的毛病也顺手就克服了。

比如我之前辅导过一支创业团队，创始人最大的毛病就是声音太小，导致投资人总是听不清他在讲什么。我发现他声音小的主要原因就是不熟练，演讲过程中要边讲边想词，一想词就紧张，一紧张声音就小。于是我就让创业者把自己要讲的话一字不差地写出来，然后花一周时间背熟。一周之后再看他演讲，发现他因为对内容熟悉了，所以声音自然而然就放大了。

第三节　如何准备你的演讲文稿

演讲文稿，就是在你演讲过程中辅助你表达意思的文稿，通常会以图文并茂的方式出现，比如微软公司的PPT、苹果公司的Keynote、Adobe公司的PDF，或者其他任何能够达到目的的软件产品。

演讲文稿是用来辅助演讲、帮助听众理解演讲主体的文稿，它并不能代替演讲本身。但是一款好的演讲文稿，可以让路演增色不少。我们在演讲的同时辅以演讲文稿，就是为了减轻听众的信息摄取负担，抓住重点，理解演讲者的重点。

下面来讲一下演讲文稿的制作技巧。

一、每一页不超过 10 个字

对于很多演讲新手来说，喜欢在演讲文稿上写上非常多的文字，甚至在演讲时用激光笔指着文稿上的文字逐字阅读，这是不对的。我建议你的演讲文稿上每一页的文字都不应该超过 10 个字。

为什么呢？回忆一下，我们都听过非常多的精彩演讲，但是，演讲过后，你到底能记住的内容有多少呢？其实没有多少。也就是说，其实听众对演讲的记忆能力是非常有限的！这就意味着，你必须要精心地设计，听众听完你的演讲之后所能记住的东西。你希望听众记住什么，你就在演讲文稿上写什么；听众能记住的不多，所以你能写的也不多。因此，每一页演讲文稿上的文字，都应该是最核心、最重点的内容。

假设你的演讲时间有 10 分钟，而你又做了一个大约 10 页的演讲文稿，也就是说，平均每一页文稿的展示时间大概有 1 分钟，足足 60 秒！

在这 60 秒里，你的听众，也就是你的潜在投资人，他们无处可看，除了一遍又一遍地看着你的演讲文稿外。多么好的机会！你可以把你想传达的信息让投资人反反复复地观看、记忆。如果你的文稿上只有 10 个字，他们就会反反复复地阅读，不断把你的想法不经意地、牢牢地灌输在自己的脑海里。反过来，如果你的文稿上文字太多，他们就会因为阅读负担而把眼睛闭上。

通过演讲，控制别人的思想，棒极了！

二、使用不超过 3 种字号

一般来说，对于演讲文稿，使用的字号不应该超过 3 个：标题（大）、正文（中）、注解（小）。颜色不应超过两个：主要文本（对比度高）、次要文本（对比度低）。字体也不应超过两个：通常字体（全篇常见）、特殊字体（全篇少见）。

为什么要对字体、字号和颜色进行这样细致的规定呢？其实还是为了减轻观众的信息摄取负担。字体、字号、颜色其实为观众阅读展示文稿设置了阅读的优先级顺序，即优先阅读标题、主要文本和特殊字体的内容，如果有更多的时间和更充足的精力，再去阅读余下的内容。

这也是我们不能在一个展示文稿中设置太多字号、字体、颜色的原因。如果太多，就意味着优先级的档次太多，而一个观众很难快速分辨出目前正在阅读的文字处于优先级的哪一个档次；而如果档次太多，也就意味着不同档次之间的差别非常小，进一步加剧了观众的阅读障碍，从而让观众放弃阅读，削弱了展示文稿的价值。

比如，图 5-1 中的这个展示文稿，就是一个正面的例子。

图 5-1　乔布斯在苹果发布会上的演讲

这是乔布斯在一次 iPhone 的发布会上的演讲，演讲文稿中有两个字号："iPhone"是大字号，"Apple

reinvents the phone"（苹果重新发明了手机）是小字号。
这就是为观众划分了阅读的优先级。首先，他需要观众记
住的是品牌——iPhone，只要你记住了 iPhone，把这个
品牌深深地灌输进了你的脑海，在选购手机的时候能够第
一时间反应出 iphone 来，这次演讲的目的就达到了；如
果你还有时间和精力，可以再来看看这句高大上的广告语：
"苹果重新发明了手机"，顺便增加一下品牌忠诚度，跟你
的好朋友替苹果公司做做宣传。但是，如果你没有时间或
者没注意到这句话，也丝毫不会影响你记住"iPhone"这
个手机品牌。

　　如图 5-2 所示，我们来看一个反例。

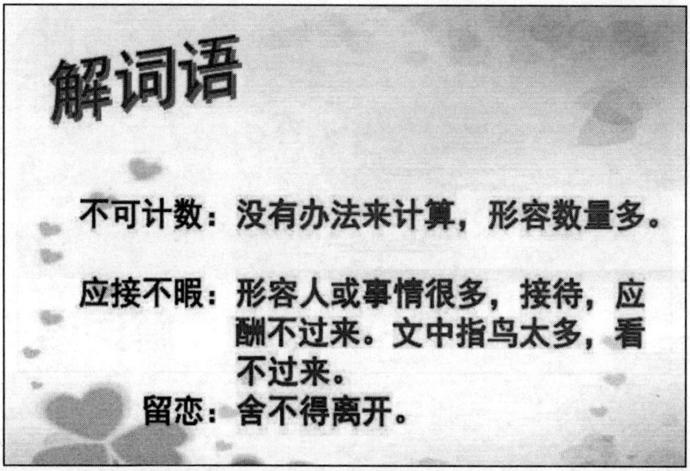

图 5-2　小学语文课件的展示文稿

　　这是一张小学语文课件的展示文稿，主要帮助学生学习"不可计数""应接不暇"和"留恋"三个词汇，并掌握其含义。此展示文稿所犯的错误非常典型。首先，颜色太多了，用了 3 种，且对比度都很强烈，使观众不知道究竟应该先看哪一个；其次，"解词语"三个字用了特殊字体，但实际上这三个字并不是这一张的重点，重点应该是下面的词汇解释。而在词汇和释义中，词汇是更重要的内容，释义的阅读优先级低一些。因为这篇课件的目的是希望学生掌握陌生词汇，至于这些词汇的含义，有些通过词汇本身就能猜个大概，不明白的学生才需要仔细看一下。

　　根据上面的分析，我将课件重新排版如下（见图 5-3）。

图 5-3　修改后的课件

　　这样看起来，阅读障碍就比修改前要少很多，视觉优先级也明确很多。当然，从配色、背景来看，还有很大的问题，这一点我后面会讲到。

三、动画没有你想象中那样好

很多人喜欢给自己的演讲文稿加入动画效果，左一个飞入效果，右一个百叶窗效果，如果碰上重点强调的，还要有闪现效果，自以为动画效果十分炫目，其实动画效果并没有你想象中那样好。

我们一开始就说过，演讲的目的是为能够影响听众的思想，让听众沉浸在演讲者自己的逻辑中而不自知。但是动画是一把双刃剑，很有可能会起到反效果。

一方面，人们的视觉更容易被运动的东西吸引，这是符合人类进化史的。在我们进化的过程中，运动的东西可能是一只狮子，可能是悬崖掉下来的碎石，可能是决堤的洪水，可能是跳动的火焰，总之都是危险东西，都是我们应当即时发现并想办法避开的事物。所以，人类的视觉对于动画会比静止的画面更为敏感，这也是很多人喜欢使用动画的原因。

但是，正因为人们对动画比较敏感，所以使用动画会导致注意力分散，关注动画本身而不是动画所展示的内容。听众很容易从演讲者所设置的演讲逻辑中跳脱出来，这就削弱了演讲的效果。

另一方面，动画本身也是在为听众的关注设置了优先级。动画内容的优先级高于静止内容。但是，如果出现了太多的动画内容，动画内容和动画内容之间就没有了优先级，反而削弱了动画的强调作用。

因此，对于演讲文稿中的动画效果，使用起来应当非常谨慎，我的建议是不超过全部演讲文稿的 1/10，即如果你的文稿有 10 页，最多使用 1 个动画效果，放在你最需要强调、最核心的那部分上。

四、与你的设计师在一起

我们发现，即使逻辑清晰的演讲文稿，画面也可能不够美观。为什么要让演讲文稿美观呢？这是为了影响听众的思想。

为什么美的文稿可以影响听众的思想呢？我们先来看看什么是"美"：人对自己的需求被满足时所产生的愉悦反应，即对美感的反应。

这个定义说得很绕嘴，我把它通俗解释一下。比如，你看到了一个美女，你说"真美啊"，你为什么觉得她美？可能因为她五官端正。为什么她五官端正你就觉得她美呢？因为在我们的进化史上，五官端正的人有这样几个好处：首先，显然她的五官不存在生理缺陷，不瞎眼、不兔唇、不少耳朵和鼻子；其次，如果她五官端正，说明她智力正常。我们在生活中常常看到有些智力障碍的人，五官会有所下垂。并不是因为智力障碍导致五官下垂，而是由于重力的因素，所有人的五官都有下垂的倾向。但是智力正常的人会通过照镜子等原因自我修正，维持面部肌肉的紧张感以对抗重力。但是智力障碍的人则不会进行这种修正，日积月累导致五官变形。

一个五官没有生理缺陷、智力又正常的人，她生出"一个五官没有生理缺陷、智力正常"的后代的概率就会比较大，这样她对异性的"性吸引力"就会比较大。或者换个说法：与其说五官端正的人"性吸引力"越大，不如说我们把"性吸引力"大的人长的样子称为"五官端正"。五官越精致的人，她的性吸引力就越大，她的后代存活的可能性就越大，她的基因分布就越广。久而久之，我们就会把"五官端正"定义为"美"，看到五官端正的人，即使你并不想跟她生孩子，你也会觉得她是个"美"的人，看了就高兴。

这就是定义里面说的，对自己需求被满足时产生的愉悦反应。

这样的道理可以扩展到其他领域。比如，一座房子盖得很端正，梁是水平的，柱是垂直的，那么它垮塌的可能性就会比较小。久而久之，人们就会觉得"横平竖直"的结构就是美的，继而扩展到其他领域里，甚至不需要承重的建筑结构，比如一个装饰品，横平竖直也是一种美。

说了这么多关于"美"的内容，这和演讲文稿有什么关系呢？

关系就是，如果你的演讲文稿是美的，就会有两个好处。

第一，听众的心情很放松，因为有"愉悦反应"，所以就会更集中精力听你演讲的内容。

第二，听众觉得你的演讲文稿看起来美，下意识就会觉得内容可能也美。虽然这没什么道理，但是人就是这样。所谓爱屋及乌，心理学名词叫"晕轮效应"。

所以，为了达到这个目的，你应该和你的设计师一起制作演讲文稿。第一稿，由你来做，把逻辑理顺，把数据做实；第二稿，由设计师来做，在你的基础上进行视觉美化，让演讲文稿看起来美；第三稿，由你和你的设计师一起做，修改那些虽然看起来很美但是不太符合逻辑的地方，或者和你的主题相矛盾的地方。

这样，一篇既美观又合理的商业计划书演讲文稿就完成了。

五、一个商业计划书演讲文稿的模板

也许你没有自己的设计师，也许你对从头开始写一篇演讲文稿很恐惧头疼，那么以下我会给你一个模板，并不一定完全适合你，但是可以供你参考。

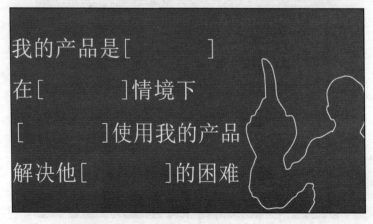

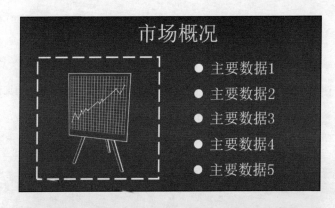

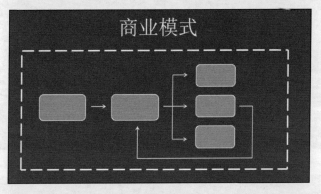

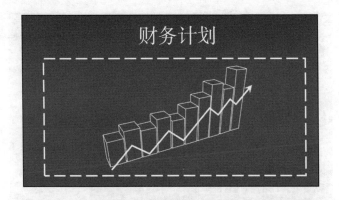

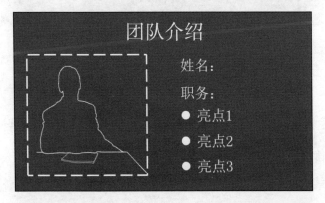

名称	简介	不足

第四节　让演讲变得鼓动人心

你已经克服了"上台恐惧症"，又撰写了赏心悦目的演讲文稿，下面就要准备一场精彩的路演演讲了。

你可能要问："既然投资人很可能在路演前已经看过商业计划书了，为什么还要把商业计划书再讲解一遍呢？"

因为演讲和文字的作用是不同的。文字作用是传递信息，就是说投资人看过商业计划书了，只是代表他"知道了"你要干什么、打算怎样干、打算花多少钱干（商业计划书三要素），但是他还不见得相信；而演讲的作用是说服，是通过语言、逻辑、表演让听众相信你的主张。具体来说，演讲是一种心理暗示，通过流畅、富于感情色彩、逻辑严密的语言，引导听众的思想，来潜移默化地影响听众的思想，让听众在不知不觉间赞同演讲者的主张。

也就是说，在投资人查看商业计划书的时候，可能会对创业项目有各种的疑虑和疑问，而路演的目的，就是通过演讲者充满魅力的演讲，打消投资人的疑问，让他们不自觉地认同创业者的观点，进而增加投资的可能性。

这也是演讲的魅力所在：高明的演讲者看到在自己巧舌如簧的鼓吹之下，听众的思想受到影响、听众的态度发生改变，这种成就会带来莫大的心理愉悦感。

本节，我就来教你如何做一次鼓动人心的演讲。

一、演讲文稿不是你的提词器

虽然你已经有了一篇非常棒的文稿，但是如果你在演讲时照着文稿去念，演讲的精彩程度就会大打折扣——大约会打个 2 折！

我曾经为一位世界 500 强企业的总裁制作过演讲文稿，他要求我把所有演讲过程中用到的数据都必须写在文稿里，导致页面非常冗长、复杂。我开始很不明白为什么要这样做，几次试图说服这位总裁做一篇简洁风格的文稿，后来这位总裁跟我说："小吴啊，之所以要写这么多数字在文稿上，是因为我记不住啊。"我听到这里才恍然大悟，原来这位总裁是拿演讲文稿做了提词器，忘词的时候就回头看看文稿。

好在作为一位世界 500 强企业的总裁，无论讲什么，都会有大把的人去听，不愁没有听众，所以演讲文稿写得差一点也没什么大关系。但是，作为一个创业者，一个要参加融资路演的创业者，就不能这么低标准的要求自己了，千万不要把演讲文稿当作提词器！

正确的做法是，把你的演讲文稿完全背下来，并反复练习。演讲文稿不是你的提词器，你不能照着文稿去念。

将演讲内容烂熟于心，有三个目的。

第一，演讲并不是简单的讲话。为了增强表现力，演讲需要配合动作、手势和语气。但是，动作、手势和语气是建立在熟练的内容基础上的，如果内容不熟练，演讲时一边想下一句要讲什么内容，一边想下面要做什么手势，演讲效果自然会非常差。

第二，内容熟练，侃侃而谈，会让演讲者看起来非常有自信。这种自信也会感染到听众的情绪，让听众不自觉地相信演讲者的演讲内容，至少听众不会有"讲的人自己都不信，我更加不会信"的感觉。

第三，任何演讲者上台时都会感到紧张，紧张就有可能导致忘词。只有对演讲内容做到非常熟练，才能克服因为紧张带来的可能忘词的情况。

所以，无论如何，演讲者都应该在上台前做到将演讲内容烂熟于心。只有这样，演讲者才有可能配合手势、表情、语气，做出精彩的演讲。

二、红鲤鱼与绿鲤鱼与驴

当你看到标题的时候，可能会觉得一头雾水，不知道什么意思。其实这是一句绕口令，有兴趣的读者可以试试能不能大声并快速地说上来。本小节，我们要说的是演讲者必须口齿清晰、声音洪亮。

很多创业者不善言辞，说话时吞吞吐吐、声音低沉。这本身并不是缺点，有些人善于当众表达，有些人不善于当众表达，只能说这是个人的特点。但是，一旦你决定创业，当众演讲就是你工作中必不可少的部分，就必须要克服声音低沉、口齿不清的问题。

就像电影《国王的演讲》里表现的那样，艾伯特王子作为王位的继承人，必须要克服掉口吃的缺陷，发表慷慨激昂的演讲，鼓舞国人士气，这是一个国王必须承担的责任。

锻炼口才可以采取逐步递进、慢慢提高的方法。

第一步，熟练背诵自己的演讲稿，不忘词、不迟疑，流畅朗诵，并逐渐尝试放大声量。这一点没有技巧，也没有捷径，只能下功夫刻苦练习。

第二步，练习绕口令，让自己口齿更加清晰。绕口令也可以从短到长，从易到难。绕口令的练习可以利用碎片时间进行，比如上下班通勤时间，工作间歇休息时间，总之做到反复、经常练习，而且也要出声练习。

第三步，可以开始学习比较专业化的发声技巧，比如胸腔共鸣、腹式发声法等，尽量让自己的声音浑厚、洪亮，如果经济、精力允许，可以报一些专业的培训班请专业老师指导。

第四步，可以练习表演大段的电影台词，朗诵大段的名篇佳作或者背诵贯口，练习大段文字的表演技巧。

在这里比较推荐使用贯口的练习方法。所谓贯口，是传统舞台艺术的一种表演方式，演员用快速、富有节奏感的语言念白大段台词。之所以推荐用贯口的形式，是因为它有节奏感、速度流利，特别容易给人以"出彩"的感觉，特别符合演讲时的语言要求。以下是一段知名的贯口文本，供大家练习使用。

在想当初，后汉三国有一位莽撞人。

自从桃园结义以来，大爷姓刘名备字玄德，家住大树楼桑。二弟姓关名羽字云长，家住山西蒲州解梁县。三弟姓张名飞字翼德，家住涿州范阳郡。后续四弟，姓赵名云字子龙，家住镇定府常山县，百战百胜，后封为常胜将军。

　　只皆因长坂坡前，一场鏖战，赵云单人独马，闯进曹营，砍倒大纛两杆，夺槊三条。马落陷坑，堪堪废命。曹孟德山头之上见一穿白小将，白盔、白甲、白旗靠，坐骑白龙马，手使亮银枪，实乃一员勇将。心想，我若收服此将，何愁大事不成！心中就有爱将之意，暗中有徐庶保护赵云，徐庶进得曹营一语未发，今日一见赵将军马落陷坑，堪堪废命，口尊："丞相，莫非有爱将之意？"曹操言道："正是。"徐庶言道："何不收留此将？"曹操急忙传令："令出山摇动，三军听分明，我要活赵云，不要死子龙。倘有一兵一将伤损赵将军之性命，八十三万人马五十一员战将，与他一人抵命。"众将闻听不敢前进，只有后退。那赵云一仗怀揣幼主，二仗常胜将军之特勇，杀了个七进七出，这才闯出重围。

　　曹操一见，这样勇将焉能放走，在后面紧紧追赶，追至当阳桥前，张飞赶到，高叫："四弟，不必惊慌，某家在此，料也无妨！"放过赵云的人马，曹操赶到不见赵云，只见一黑脸大汉立于桥上，曹操忙问夏侯惇："这黑脸大汉，他是何人？"夏侯言道："他乃是张飞，一莽撞人。"

　　曹操闻听，大吃一惊，想当初关公在白马坡斩颜良之时，曾对某家言道，他有一结拜三弟，姓张名飞字翼德，在百万军中取上将之首如探囊取物，反掌观纹一般，今日一见，果然英勇。"撤去某家青罗伞盖，观一观那莽撞人武艺如何。"

青罗伞盖撤下，只见张飞豹头环眼，面如韧铁，黑中透亮，亮中透黑，颔下扎里扎煞一副黑钢髯，犹如钢针，恰似铁线，头戴镔铁盔，二龙斗宝，朱缨飘洒，上嵌八宝，云罗伞盖花冠于长，身披锁字大叶连环甲，内衬皂罗袍，足蹬虎头战靴，胯下马，万里烟云兽，手使丈八蛇矛。站在桥头之上，咬牙切齿，捶胸愤恨，大骂："曹操你且听真，今有你家张三爷在此，尔等或攻，或战，或进，或退，或争，或斗，不攻，不战，不进，不退，不争，不斗，尔乃匹夫之辈。"大喊一声，曹兵退后；大喊二声，顺水横流；大喊三声，把当阳桥喝断。后人有诗赞之曰："长坂坡前救赵云，喝退曹操百万军，姓张名飞字翼德，万古流芳莽撞人！"

总之，通过反复的、长期的锻炼，大部分人是可以做到比较好的发声状态。

三、停顿、重音和手势

演讲之所以叫作演讲，就是因为除去讲，还有表演的成分在。这就要求演讲者说话要有停顿、重音和空白，要有表情、动作和手势。

很多没有经验的演讲者，在演讲时语速较为平均，词和词之间、句子和句子之间没有停顿和空白，这样就无法从语音上突出重点，容易让听众注意力分散。

在演讲时，对于自己要强调的内容，应当加重音；对于需要听众注意、思考的内容，应当稍作停顿，给听众理解的时间。

演讲者应当故意放慢自己的说话速度，因为语速慢会显得演讲者自信、放松，我们在演讲时由于紧张会不自觉地加快语速，如果练习时故意放慢速度，两者中和，实际演讲时就会使用较为正常的语速。

在演讲时，演讲者还要辅以表情、动作、手势来增强自己所强调的重点，帮助听众理解自己的思想。

如果演讲者能够在演讲中适当加入一些幽默的内容，调节演讲的气氛，那就再好不过了。

总之，演讲除去讲，也是表演，要综合运用文字、图片、声音、表情、动作、眼神、舞台上的移动等方法，达到吸引听众，让听众沉浸在演讲者所塑造的逻辑空间，并最终同意演讲者观点的效果。

第六章

借助外力来帮你融资

前面我们已经学习了如何设计具有可爆发性的商业模式，也学会了如何撰写一份吸引投资人的商业计划书，更学会了如何进行鼓动人心的演讲，这些都是创业者的内功修为。为了让融资更加顺利，我们还可以借助外力——财务顾问。

第一节　什么是财务顾问

财务顾问（financial advisor，FA），亦称"新型投资银行"，是指专业财务咨询公司根据客户的自身需求，站在客户的角度，利用公司的产品、服务及其他社会资源，为客户的日常经营管理、财务管理和对外资本运作等经济活动进行财务策划和方案设计等。根据双方约定的财务顾问服务范围和服务方式，担任企业的财务顾问，并为企业直接提供日常咨询服务和专项顾问服务等有偿顾问金融服务。

既然 FA 叫作"新型投资银行"，那我就先讲讲什么是投资银行。投资银行起源于欧洲，成熟于美国。15 世纪，欧洲的商人为自身和其他商人短期债务进行融资，被称为商人银行，是投资银行的雏形。欧洲工业革命扩大了商人银行的业务范围，包括帮助公司筹集股本、资产管理、协助融资等。自此之后的很长一段时间内，银行可以同时经营融资业务和储蓄业务，被称为混业经营。

1933 年，美国国会通过了《格拉斯－斯蒂格尔法案》，规定银行只能选择从事储蓄业务（商业银行）或者是承销投资业务（投资银行）。自此，投资银行正式与商业银行分离，成为一个独立的金融行业。

在美国，直到 20 世纪 70 年代，证券承销（尤其是 IPO）仍是投行的主营业务，不过，时代的风向已经开始变化。客户导向型的投资银行开始向交易导向型的金融服务商转变。到 1990 年中期，曾经独领风骚的承销和佣金收入已经下降到美国整个投行业收入的 25% 以下，而以各种有价证券交易为主的自营业务和资产管理业务收入上升到 50% 以上。在美国国内市场中，"垃圾债券"（junk bond）和杠杆收购（LBO）给了传统的投资银行业务大展宏图的机会。对于那些缺乏现金流的新技术公司（通信、信息、生物医药等）来说，可以通过发行垃圾债券给风险偏好的投资者来融资。而帮助这些企业设计债券发行方案、承销债券、包装公司业务、寻找投资者等系列服务就被称为"财务顾问"。至此，帮助企业融资的"财务顾问"业务，成为投资银行的重要业务组成。

20 世纪 80 年代末，投资银行业进入中国。1995 年，成立了中国第一家合资投资银行：中国国际金融公司。中国的投资银行业同样开展了证券承销（券商）、并购、财务顾问等业务。

随着"大众创业万众创新"战略的提出，中小企业数量井喷增长，相应的融资需求也快速增加。传统投行对融资标的要求较高、对融资企业要求较高、佣金昂贵等特点，使得中小微企业很难享受到传统投行的财务顾问服务。需求与供给的不匹配造就了商机：一部分从业人员脱离了传统投行，创立了专门服务于创业企业的财务顾问机构；一些传统投行的财务顾问部门在新的市场形势下寻求转型，降低身段为创业企业服务；还有一部分个人或企业凭借广泛的投资行业人脉、信息资源优势，为创业企业提供财务顾问服务。

目前，在中国的创投市场上，狭义的财务顾问（FA）特指为创业企业提供融资服务的机构或个人；广义的财务顾问（FA）指一切为企业提供融资协助、财务咨询、金融咨询的服务。

第二节　财务顾问的作用

财务顾问能够为企业提供商业模式梳理、企业包装、商业计划书撰写、路演辅导、股权结构设计、投资机构介绍等服务。

一、商业模式梳理

当创业团队的商业模式不够好，或者不符合投资热点时，FA会帮助创业团队梳理商业模式，以符合投资人的口味。

尽管我在前面讲解了如何设计商业模式，但是不可否认的是，企业实际经营中形成的商业模式和与投资人表述的商业模式之间有一定的差距。有些FA特别善于设计让投资人有兴趣的商业模式，尽管有时这种商业模式在实际经营中效果差强人意，以至于在行业中大家开玩笑地把这种商业模式称为"2VC 的商业模式"（面向投资人的商业模式，是业界对少数创业公司只顾创造吸引投资人的概念，不顾实际经营效果的一种讽刺）。

开展商业模式梳理对 FA 的要求比较高，需要 FA 熟悉创业团队所在行业，了解所在行业的主流商业模式以及投资机构的投资偏好，以便能够帮助创业团队树立更容易融资成功的商业模式。能够提供此项服务的 FA，通常是对行业理解深刻、有过一定投资经验的 FA。

二、企业包装

企业融资，实际上是对企业股权的一次售卖，与任何商品销售一样，都需要对产品进行适当的包装。例如，将企业重新定位于热门的投资概念，在媒体上为企业融资造势，为企业贡献资源、弥补缺陷和短板，为创业合伙人设计适当的形象等。

总之，FA 会尽力把企业包装成为投资人所欢迎的形象，突出优点，掩饰缺点，以便帮助企业更好的融资。

三、商业计划书撰写

尽管我已经在前面辅导了如何撰写一份让投资人感兴趣的商业计划书，但也必须承认大部分企业没有融资经验，或者即便有经验也是非常有限的一两次，所以其商业计划书通常写得不够精彩、不具备吸引力。如果你不幸就是这样的创业者，也可以考虑付费让 FA 帮你撰写商业计划书。因为 FA 常年从事介绍融资的工作，更加了解商业计划书的撰写方法，可以为企业撰写商业计划书。

FA 会首先详细了解企业现状，根据企业现阶段的情况和包装方向，按照投资人喜好的方式撰写一份格式规范、内容充实、可读性强、漂亮美观的商业计划书，从而帮助创业团队顺利融资。

四、融资路演辅导

虽然我也介绍过怎样做一场精彩的路演，但就像光看教科书是不可能练就一副好嗓子一样，只有通过反复的练习才能掌握演讲的技巧。如果你下周就要进行一场路演，一周的时间已经来不及进行充分的练习，这时你就需要由富有经验的 FA 进行相应的辅导，他会从演讲技巧到语言与演讲文稿的配合，从着装到回答投资人问题，各个角度详细地指导你。

特别是，很多 FA 会自行举办路演，邀请投资人参加，并在路演结束后安排项目与投资人私下交流，这样能够让创业团队更加熟悉场地、设备，提高融资成功率。

五、股权结构设计

企业在融资过程中，股权结构是一个很重要的议题。企业融资本质上是出售股权，但是与一般的商品销售不同，股权被售出后，买受人并非与出卖人毫无关系了，而是利益捆绑更加紧密了。而且不同的买受人之间（即不同的投资人之间）的利益也会相互影响，因此股权是一个什么样的结构就影响到了创业者与投资人、投资人之间的利益分配结果。一个好的股权结构设计，既能有效地保护投资人利益，也不会妨碍创业者对企业的控制，还能为后续的投资人进入留有适当的空间。

创业团队通常对此缺乏经验，自行设计的股权结构并不合理，甚至是错误的，有些对未来的延展设计也是不现实或者不符合法律要求的，这就需要有经验的 FA 帮助设计，以便同时保护创业者和投资人的权益，促进企业顺利融资。

六、投资机构介绍

融资过程中最重要的环节就是接触投资人，但是有数据表明，75%的创业团队一个投资人都不认识。因此，FA一个重要的功能是为创业团队介绍投资人。

对于大型 FA 机构来说，会具备 1 万～ 3 万名投资人触达能力，而中小型 FA 也会有几百到几千名投资人触达能力。不同的 FA 会通过不同方式帮助创业团队接触投资人，如有些 FA 会将创业团队的商业计划书群发，一次性发送给上千名投资人，等待投资人回应；有些 FA 会仔细选择与创业团队所在行业匹配的投资人，进行精准对接；有些 FA 偏好公开对接，组织大型路演或论坛，参与人数少则三五十，多则成百上千；有些 FA 偏好私密对接，一两个创业项目对应三五个投资人，充分沟通展示；有些 FA 将创业团队推送给投资机构的基层投资经理，但对同一家投资机构会推给多位投资经理，使得机构内部形成对项目的隐形竞争（投资经理的收入与找到的好项目数量正相关），从而提升项目的议价能力；有些 FA 只推送给投资机构的合伙人（相当于有限公司中的管理层），提升决策效率。总之，不同的 FA 介绍方式不同，成功概率也不同，在挑选 FA 的时候，应当注重 FA 的投资人触达能力以及过往的成功案例，触达能力越高、成功案例越知名的 FA，实力通常越强大。

第三节　与财务顾问合作中的注意事项

一、服务方式

创业团队与 FA 签订服务协议时应注意 FA 是否要求

独家。有些 FA 会要求独家服务，即在一段时间内（通常为 3～6 个月）创业团队不与其他 FA 接触或接受其他 FA 的服务。此举是为了保证在 FA 介绍投资人的过程中责任利益明确，避免出现多家 FA 介绍了同一个投资人而利益责任拉扯不清的情况。独家服务的好处在于责任明确，FA 用心程度更高；坏处在于由于只能依赖一家 FA，容易错失机会。

二、收费方式

财务顾问的收费方式分为收取股权或收取佣金。

收取股权是指在创业企业与 FA 签订的服务协议中明确规定，当 FA 介绍投资成功后，收取创业团队一定比例的股份（通常为 1%～3%，也有些实力强的 FA 会收到 5%）作为酬金。

收取佣金是指在创业企业与 FA 签订的服务协议中明确规定，当 FA 介绍投资成功后，收取一定比例融资额（通常为 3%～5%，也有些实力强的 FA 会收到 10%）的现金作为酬金。

收取股份的好处是团队可以节省资金，融资额的 3%～5% 对与早期团队来说还是比较大额的一笔资金；坏处是一旦做大做强，早期不值钱的股份就会变得非常值钱，而且在后续融资中也会多少受到影响。而收取佣金的做法则正好相反，早期占用资金，但后期没有任何瓜葛。具体采取哪种方式更为有利，不同的创业团队要根据自己的情况来决定。

三、服务周期

FA 的服务周期一般在 3～6 个月，有些 FA 机构会规定 6 个月强行结案（close case），就是即使没有融到资也不再服务了。原因在于，对于绝大部分创业企业来说，6 个月是融资极限了，超过 6 个月还不能融到资的项目通常意味着的确缺乏投资价值、不被投资机构欣赏。

缺乏投资价值的项目并不意味着没有创业成功的可能性，只是不符合资本市场的偏好（如增长速度慢、退出通道少、不符合投资热点等）。所以对于各位创业者来说，即使拿不到投资，也不要轻言放弃，只要是自己看准的方向，也可以放手一搏。不是有那么句话："今天你对我爱理不理，明天我让你高攀不起！"

第四节　国内知名财务顾问介绍

初创期的创业企业由于缺乏融资经验、融资技巧和融资资源，如果能够找到经验、资源都比较丰富的 FA 辅助融资，融资成功的概率就会大大增加。但是，由于进入门槛较低，目前投融服务市场上 FA 数量非常多，收费方式五花八门，缺乏经验的创业者很容易受骗上当，损失金钱和时间。为此，本节有针对性地选取了 6 家比较有市场知名度的 FA 机构，并从企业背景、创始人背景（与大多数企业不同，FA 机构非常依赖创始人的资源，所以创始人如果从业背景优秀，则 FA 机构的实力通常会比较强大）、服务内容、服务案例等方面进行介绍。

一、优米网

企业背景： 优米网成立于 2010 年 3 月 17 日，是由著名制片人王利芬女士创办的，现有 500 多位知名企业家讲师，1000 多个在线课程，旨在服务创业者，培养未来商界领袖。

创始人背景： 王利芬，优米网创始人兼 CEO，原央视资深栏目制片人兼主持人，北京大学文学博士。2000 年她任《对话》制片人兼主持人，2003 年创办《经济信息联播》《全球资讯榜》《第一时间》《经济半小时》等节目，并创办了国内最具影响力的创业节目《赢在中国》。2009 年年底，她辞去央视公职，创办北京优视米网络科技有限公司。

服务内容：优米网服务分为线上课程、线下课程和企业服务三部分，线上课程是优米网在线播放的创业课程，线下课程是优米网主导的线下培训课程，企业服务包含FA、品牌服务、人脉资源等相关内容。

服务案例：通过《赢在中国》栏目为上千支创业团队获得融资。

二、小饭桌

企业背景：小饭桌是"险峰长青"旗下的FA独立品牌，服务于科技领域早期创业团队。

创始人背景：险峰长青（原名华兴险峰）是著名投资机构华兴资本创始人包凡另行创立的专注于早期项目的投资机构，成立于2010年。包凡的知名投资案例有：聚美优品、墨迹天气、美柚、懂球帝等。

服务内容：小饭桌目前由创业课堂、创业媒体和融资服务三部分构成。融资服务创立于2015年5月，提供BP制作、投资人引荐、获取TS、签署SPA、资金到账全程一对一跟踪服务。

服务案例：已为50余家优质创业公司获取超过1亿美元的总融资服务。

三、以太资本

企业背景： 以太资本于 2014 年年初在北京成立，专注于为中国 TMT 创业型企业家提供私募股权融资财务顾问服务。

创始人背景： 创始人周子敬，清华大学计算机科学硕士学位，曾任华兴资本副总裁，阿里巴巴资深产品经理。他领导完成多个融资项目，包括美乐乐、途家网、猎聘网、唱吧、友盟、中清龙图、有缘网等。周子敬本人也是活跃的天使投资人，参与投资的项目包括今日头条、团车网、LOHO 眼镜生活、小麦公社、爱旅行等。

服务案例： 以太资本目前已有超过 300 家各阶段的活跃基金，为超过 560 个项目完成融资，融资总额逾 16 亿美元。知名融资案有：知乎、蘑菇街、河狸家、今日头条、映客直播等。

四、创业黑马

企业背景： 创业黑马（北京）科技股份有限公司（简称创业黑马），是一家针对高成长创新企业的综合创业服务机构。由著名财经记者牛文文于 2008 年创立，现已发展成为一个集学习、推广、社交等为一体的 O2O 创业孵化加速器，涵盖创业教育和创业公关等创业服务。

创始人背景：牛文文，1991 年加入经济日报社，连续两届获得三项中国新闻奖。2008 年，他创办《创业家》杂志，现已发展为一个集培训、融资、推广、合作、社交等为一体的 O2O 创业孵化加速器。2010 年，他入选"中关村高端领军人才"，著有《领袖的资格》《商业的伦理》等书。

服务内容：创业黑马公司旗下拥有新媒体、商学院、创业辅导、资本对接等多项业务。截至本书成稿，创业黑马已经在深交所创业板上市，股票代码 300688。

五、创业酵母

企业背景：北京创业酵母管理咨询有限公司（简称创业酵母）成立于 2014 年 11 月，创始团队成员均为阿里巴巴资深高管，在互联网领域拥有丰富的业务及人力资源管理经验。

创始人背景：张丽俊，2002 年加入阿里巴巴，2012年起从事投后管理工作，为上百家互联网创业企业和 VC机构提供人力资源咨询、FA 以及投后管理服务。2014 年她创办创业酵母，提供互联网创新型投后管理、投融资服务和创业资讯服务，专注于寻访极客人才。

服务内容：公司集结大批互联网领域的明星创业者，

与上百家投资机构建立了战略合作关系，为互联网创业公司提供合伙人及核心团队的招聘、投融资服务及人力资源解决方案。

服务案例：公司已为大众点评、去哪儿网、滴滴打车、有利网、足记等百余家互联网公司提供投融资战略咨询及高端人才招聘。

六、36 氪

企业背景：36 氪创办于 2011 年 7 月，是国内知名互联网创业生态服务平台，36 氪投融资 FA 服务团队是专注 TMT 领域的新兴精品投行，基于 36 氪的媒体、孵化器、培训体系等流量入口触达海量项目源，通过对行业进行深度研究，充分发掘优质项目，精准对接投资机构与创业者，为融资环节提供专业的 FA 服务。

创始人背景：创始人兼联席 CEO 刘成城，1988 年出生，毕业于北京邮电大学、中国科学院，中欧创投营学员、湖畔大学学员，中国民主建国会会员、亚杰商会会员以及中关村天使投资联盟副理事长。同时，刘成城也是活跃的天使投资人，先后成功投资了国内外数十家互联网公司。

服务内容：36 氪为优质的 TMT 创业公司提供股权投资、品牌宣传、社会资源协调等服务，同时为广大投资人提供参与创投、挖掘行业独角兽的机会。

服务案例：截至 2015 年年底，36 氪已帮助 48 个创业项目完成融资近 4 亿元。

七、飞马旅

企业背景：飞马旅创立于 2011 年 9 月，是由成功创业者、媒体管理机构、领先的信息研究管理咨询机构等共同发起创立，针对中早期创业企业的私募基金。其宗旨是除了投入资金外，把各自的创业经验与企业分享，在发展信息、商业伙伴关系、骨干人才配置、品牌形象塑造、管理规范化和政府与媒体关系协调等方面帮助创业企业更好发展，培育新商业领袖，关注新一代企业家、未来世界级的企业。飞马基金使用合伙人模式，与飞马旅创业服务机构系排他性合作关系。

创始人背景：袁岳博士，零点研究咨询集团董事长，新沪商大商学院院长、北京大学社会学博士、哈佛大学肯尼迪政治学院 MPA、西南政法大学法学硕士，2007 年耶鲁世界学者，2013～2015 年美国 Aspen 学者，中国市场研究协会副会长，清华大学、浙江大学、西南交大、中国传媒大学、西安欧亚学院、中央美术学院等高校的客座教授、EMBA/MBA/MPA 兼职导师。

服务内容：①企业管理基础诊断、企业战略梳理与企业管理系统规划咨询；②关键市场的基础市场研究，关键营销模式、产品研发设计与品类管理策略的优化；③企业品牌传播策略框架、核心公关策略与企业关键媒体传播支持；④企业人力资源发展规划梳理与关键人才配置支持；⑤关键社会关系与政府关系支持、园区与政策资源整合支持；⑥使用飞马旅创始人与支持者资源，进行资源传播与整合；⑦与对应的投资机构对接，并提供优化谈判与促成合作的机会；⑧优先利用飞马旅根据成员需要开发与协调的飞马营区的机会；⑨优先利用飞马旅设立的推广平台与对外合作机制的机会。

服务案例：飞马旅每年计划招收 50 家创业企业加入，其中 20 家是处在发展快车道前列的"飞马之星"，其余 30 家是富有成长潜质的"飞马之驹"。

第七章

案例分析

通过上面六章的内容，我们已经做好了进行融资的准备。但是，有道是"纸上得来终觉浅，须知此事要躬行"，下面就为大家选取一些 2017 年已经获得融资的创业项目，做一个简要的分析。这些项目中，有些是我直接辅导的，有些项目的投资人是我的好朋友，直接拿到一手资料，还有些是我觉得比较有代表性的项目。

| 案例一 | 威沃世界

"威沃世界"是一个 VR 游戏设备生产商 + 内容生产商，本轮获得清科创投 1000 万元天使投资。

现在，VR 游戏越来越受到关注，很多创业团队打算涉足 VR 游戏乐园项目，但是融资成功的非常少。因为绝大部分的 VR 游戏乐园项目是挣不到钱的。

但威沃世界不同，它不仅能挣钱，而且已经挣钱了，原因有以下几点。

1. 可以自行制造硬件设备。VR 项目目前开展效果不佳，很大的原因是受制于硬件，用户眩晕感较为强烈。自行制造高质量的硬件设备，可以有效缓解用户的眩晕感，延长用户的游戏时间。

2. 拥有极强的内容制作水平。注意，我在这里用的不是"强"，而是"极强"！强到什么程度呢？团队在从事 VR 项目之前，为迪士尼、万代、CAPCOM、任天堂、TAITO、EA SPORTS 等国际顶级游戏公司提供内容服务，参与制作了《街头霸王 5》《杀手已死》（Killer is Dead）等游戏大作。这一点是威沃世界团队的核心竞争力！

VR 游戏本质上是电子游戏，电子游戏就得好玩，而目前大部分 VR 游戏不好玩。所以目前大多数 VR 游戏玩家是只是尝鲜，复购率非常低。只有真正用做电子游戏的态度去做一款顶级的 VR 游戏，才能培养忠实的、愿意反复付费的玩家，从而解决 VR 游戏商业化的问题。

3. 拥有自己的游戏乐园场地和推广渠道。目前威沃世界通过自营、加盟、参与管理等，拥有了 50 多个线下场地。有了场地和推广渠道之后，威沃世界就不再仅仅是一个内容生产商，更是一个推广平台——可以推广自己的内容，也可以推广合作伙伴的内容。

除了上述三点外，威沃世界还拥有一项绝大部分创业团队无法拥有的巨大优势：有一家上市母公司。"博涛股份"（代码：832013）是一家新三板上市公司，持有威沃世界70%的股权，而博涛股份的董事长、法人代表肖迪也恰恰是威沃世界的创始人。这就意味着，威沃世界的股东随时可以借博涛股份的壳通过新三板退出，极大地保证了风险投资人的利益。

清科创投本轮领投威沃世界，主导本案的投资总监丁康是我多年的好友，他认为这个项目打动他的地方有以下几点。

1. 目前整个VR的市场，线上用户还很少，用户对VR游戏的认识只有核心用户才有感知，更多的用户还是线下的尝鲜用户，VR市场现在更像游戏中的单机游戏时代。

2. 威沃世界在线下游戏特别是主题乐园方面积累了大量的经验和渠道资源，以用于拓展用户。

3. 之前威沃世界还为日本的多家大型主机游戏公司提供内容代工服务，在内容方面也有丰富的经验。

| 案例二 | 夜吧

"夜吧"是一个社交产品，本轮获得东显瑞创投数百万元的天使投资。

社交产品目前普遍被认为没有太多机会了，因为熟人社交有微信，陌生人社交有陌陌。但是，在熟人和陌生人中间，还有一个小群体，可以称为半熟人。比如在一家商场购物的顾客，在一个补习班里上课的学生，在一间饭馆吃饭的食客。他们互不认识，但是又有某种紧密的联系。问题是，他们有社交需要吗？

答案是：大部分没有，但是一小部分不仅有，而且非常强烈。这部分人就是"夜吧"的用户——在同一家夜店消费的客人。而有一群人，比客人更需要社交，那就是夜店的老板。因为客人来到夜店消费，本质上享受的服务就是社交，他们需要认识那些漂亮或有钱的半熟人，而酒、音乐和舞蹈都是中间过程。

所以夜吧非常敏锐地把用户定位为夜店的老板，本质上这是一个以社交软件为外表的企业服务工具，帮助夜店的老板生产和销售"社交"产品。例如，全店的客人可以通过夜吧软件玩同一个游戏；可以通过夜吧 App 给店内任意客人赠送虚拟礼物，礼物超过一定价值的还可以在店内的大屏幕展示出来。这相当于把"9158"这样的网络夜总会落地化，让用户从线上到线下的转化更加快速、直接。由于"9158""YY"的成功，可以想见，夜吧的盈利前景也是光明的。

夜吧存在一种危机，那就是半熟人的结局只会向两个方向转变：熟人或者陌生人，这个转变过程是快速而不可逆的。这就意味着，夜吧的用户可能最终会变成微信好友，或者永不联系。缺乏粘性用户对于任何社交产品都是恐怖的，但是对于夜吧尤为恐怖。因为它还意味着夜吧失去了为夜店导流的能力，也就是失去了自己的"护城河"：做一个店内大家一起玩的小游戏难度并不高，我为何要花钱请你做，还要跟你分成？

|案例三| 动享网

动享网是一个体育 O2O 平台，本轮获得老鹰基金领投的 1000 万元天使投资。

动享网要做的事情可能很多做体育方向的创业团队都尝试做过：通过线上 App 找教练、找队友、找比赛，再引导到线下场馆。但是，获得投资的团队不多，动享网是其中一个，因为它对线下场地的掌握能力。

体育行业是一个脱离了线下场地就没什么意义的行业，这与大部分行业是不同的。比如电影行业，如果你能拍出一部好片子，即便没有电影院给你放映，你也可以通过网络、电视、刻盘等方式播放出来，观众依然能够享受到你的产品并通过某种方式付费。但是体育不行，不论你赛事组织得多精彩，如果两只球队不能面对面、实打实地比一场，这件事情就没什么意义。

大部分体育行业的创业团队只是做了前半部分：做一个 App，帮用户组球队、找对手；但是动享网做了后半部分，掌握了上千家场馆。

有些创业团队说：我也能帮忙掌握场地。如果你所谓的掌握场地就是跟场地签一个协议价然后收入分成，那不能叫掌握场地，只能叫你帮场地导流。动享网实实在在地为场地做了一套 SaaS 系统，用来进行场地管理，包括谁定了、定了多久、教练安排以及组织比赛等。这才是值钱的地方，也是动享网的"护城河"。

老鹰基金领投本轮动享网，主导本案的美女投资人余昕也是我的多年好友，她最为看重的也是动享网对场地的把握能力：

"体育类项目我们关注有线下能力的，动享网手里有 1000 多家场馆的资源这点很重要。有了场馆这个大优势，再加上工具类 App 获取流量，这个商业闭环可以形成。赛事 IP 可以算个亮点，但比起场馆，我们更看重后者的积累和爆发。"

| 案例四 |　E 纱窗、乐农道

E 纱窗是一个纱窗电商项目，获得找钢网数百万元天使投资；乐农道是一个化肥生产项目，获天使湾数千万元天使投资。

这两个案例放到一起说有两个原因：①这两个案例所在行业都是最传统的行业，E纱窗是生产纱窗的，乐农道是生产化肥的；②这两个行业使用了类似的思路进行了互联网化转型。这对于希望转型的传统企业有非常重要的参考意义。

E纱窗表面上是一个纱窗产品交易的电商平台，但事实上E纱窗是一家纱窗的生产企业，还接受其他生产厂商加盟。最重要的是，它制定了一套标准的生产、用料管理标准，将其电子化，用于管理加盟厂的生产环节，并辅以独家的生产机器人。这使得即使没有太多生产经验的新人也可以轻松加盟生产，降低成本，保证质量。同时，也让原本单打独斗的小作坊生产厂通过统一的生产标准和机器人，形成了分布式的现代化生产大厂，相互没有股权关系，却又统一质量、统一管理。

乐农道自我宣传为C2B平台，其实应该是B2B平台，因为农民买化肥显然不是为了消费，而是为了农业生产。从这个角度讲，农民并不是C端用户，而是规模较小的B端用户。乐农道并不是传统的化肥公司，把化肥通过农业站卖出去了事。恰恰相反，乐农道要求农民在购买化肥之前，必须寄送土地样品给公司，经过测量之后，根据其自己制定的标准配比化肥并销售到农民手中。也就是说，乐农道实质上是在按照一个统一的标准管理农民的农业生产——它不掌握土地，也不掌握劳动力，更不掌握丰收成果，但是它掌握了生产标准。所有的农民之间，没有隶属关系，却使用了同样的标准生产，事实上形成了分布式的大型现代农场。

很多传统企业一提到互联网转型，就只能想到开个网店、做个微商。这不是互联网转型，这只是增加了一个互联网销售渠道。真正的互联网转型，是摒弃过去的传统模式，按照互联网的方式形成新的模式。在我们可以预见的未来，人类是不可能生活在一个完全虚拟的世界里，互联网也不能取代实体生产行业。因此，实体生产行业并不必然就是传统行业。只有那些抱着传统方式生产的实体行业才是传统行业，运用了互联网生产方式的实体企业，就是转型成功的互联网企业。

| 案例五 | 启蒙听听

启蒙听听是一款给小朋友讲故事的 App，获得紫晖创投400 万元投资。

启蒙听听的故事录音不是专业主播录制的，而是小朋友的爸爸妈妈。

给孩子讲故事，这是很多年轻父母碰到的头疼问题：自己讲得不好不说，主要是没那么多故事可讲。

于是有公司考虑请专人录制故事给小朋友听，但是首先制作成本是一笔不小的开支，另外，同一个主播容易被小朋友腻烦，毕竟大家都知道孩子的耐心是很有限的。

启蒙听听就巧妙得多，请小朋友的爸爸妈妈来录故事。虽然很多爸爸妈妈对于讲故事头疼，但是同样也有不少爸爸妈妈享受这个过程，这一群人还不少。

所以让爱讲故事、会讲故事的爸爸妈妈给那些不会讲故事的爸爸妈妈的孩子讲故事，成了启蒙听听的核心模式。

启蒙听听在使用感受上类似小咖秀：启蒙听听会提供非常多的故事脚本，用户只需要按照脚本来录音就可以，还可以选择背景音乐和精美的封面。能够提供如此海量的脚本，说明启蒙听听拥有庞大的儿童出版物资源。

在运营商方面，启蒙听听把爸爸妈妈像网红一样包装，有排行榜、点击量、粉丝数。目前虽然还没有商业化，但想必未来会开启打赏、礼物、付费下载等模式。

|案例六| 准儿翻译

准儿翻译是我直接辅导过的一个项目，获得东方国狮1000万元投资。准儿翻译是一个语言实时翻译的硬件产品，和 iPod 大小差不多。当我们出国旅游的时候，免不了要和当地人交流，但是如果我们不懂当地话，当地人也不懂中文，双方英语也不好，那怎么办呢？用准儿翻译可以解决这个问题：我们对着准儿翻译说中文，就会自动翻译成外文；对方说的外文也可以翻译回来，使用简单，反应及时。

目前各大公司均推出了自己的自动翻译的软件，比如微软、百度、Google 等，但是准儿翻译主打旅游市场，而不是像这些大公司的产品主打泛市场。

个人旅游市场其实已经是一个红海市场，很多杀入旅游市场的创业团队都发现能做的点基本上都有很多人在做，但是准儿翻译找到了一个很好的切入角度。之所以会以旅游为切入点，有以下三个原因。

1. 旅游时翻译是刚需且有高频需求。在日常生活中，我们可能也有翻译的需求，但是频率太低，而且解决方案也比较多，翻译产品不是刚需。可是当我们来到国外旅游时就不一样了，我们需要及时、快速、廉价、相对准确的翻译，一个翻译产品就变得很有必要。

2. 旅游的使用场景可以收集更多口语语料。自动翻译产品的准确性是由翻译引擎和语料共同决定的，一定程度上语料可能比引擎更加重要。所谓语料，通俗地讲就是用来训练引擎的素材。比如，法律方面的语料多，引擎对法律内容的翻译就更准确；数学方面的语料多，引擎对数学内容的翻译就更准确。在旅游时，人与人之间的日常对话语料全部是口语内容，而无论是 Google、百度还是微软，收集到的语料大多是书面用语。这种语料上的差异决定了准儿翻译更擅长翻译口语对话；反过来，口语翻译得准确了，就有更多人使用准儿翻译，也就可以不断积累更多的语料，翻译质量会进一步提高。

3. 从旅游角度切入产品线，扩张将会更加容易。在旅游过程中我们与当地人交流无非就是问路、问景点、问美食、问旅馆之类的常见需求，当收集到足够的信息后，即可智能地为用户提供导航，景点、餐厅、酒店推荐，甚至航班预订等服务，产品线有足够的扩展空间。

|案例七| 渔耕田

渔耕田项目是一个把种菜和养鱼结合起来的项目，获得 250 万元融资，投资方未透露。这个项目是一个鱼菜共生系统。基本原理是把鱼和蔬菜一起养殖，上层无土种菜，下层水池养鱼。鱼的粪便经过过滤、处理，成为蔬菜的肥料；蔬菜的根茎循环过滤水源，无须换水，鱼的生活环境也很干净。鱼和菜成熟后都可以作为商品上市，相对于传统种植、养殖产品，鱼菜共生的成本较低，利润较大。

之所以把这个项目拿出来介绍给大家，除了项目本身之外，更重要的是项目创始人认真进行前期调研的态度和方法值得所有创业者学习。

项目创始人叫大鱼，其实大鱼最开始打算的创业项目并不是鱼菜共生，而是某品牌的城市行动咖啡，就是以咖啡为主打的外卖饮料店。城市行动咖啡在广州已经有不错的项目，而大鱼的所在地成都还没有开展。按理说既有成功案例，本地又有空白市场，很多创业者一定摩拳擦掌准备干起来了。

但是，大鱼没有这么冲动，而是花了整整一个月去考察成都的外卖饮料市场，而且还进行了问卷调查。发现成都消费者最喜欢的饮品是奶茶、第二位是果汁、第三位才是咖啡，且奶茶在成都已经有了垄断性的品牌。也就是说，城市行动咖啡之所以在成都没有开展，可能并不是没人想到，而是不适应成都的商业环境，失败了。

于是大鱼放弃了城市行动咖啡的项目，转做鱼菜共生。

做鱼菜共生项目也是一个偶然的机会。大鱼业余爱好养鱼，用了植物过滤系统后发现鱼池的水质明显好转，在进一步查找相关资料的过程中发现了鱼菜共生系统竟然在国外已经规模化、商业化了，而国内还没有开展。

很多创业者在这时恐怕已经按捺不住了，国外有一个成功的项目，国内还是空白，还等什么？开干！

但是，大鱼并没有急于动手，他做了以下几步准备。

第一步，学习资料。大鱼花了将近 6 个月的时间，研究了几乎可以找到的所有相关资料。由于国内的资料很少，大鱼甚至翻译了将近60万字的英文资料，直到最终把鱼菜共生系统的理论细节搞懂、搞清楚。

第二步，找专家。大鱼在网上购买了100个小时的远程技术支持，向国外专家请教了自己的疑惑。

第三步，做实验。为了降低试错成本，大鱼在成都郊区包下来一个蔬菜大棚，进行了小规模的实验。直到实验成功，菜苗、鱼苗成功繁育，才正式创业，进入商业化。

创业有风险，成功确实概率低，但是除了创业本身的不确定性外，创业者的盲目冲动也是成功概率低的原因之一。我见过很多创业者，往往头脑一热就辞职出来创业了，要干什么、怎么干都没有想太清楚。如果大部分创业者能够像大鱼一样，前期调查、早期论证、实验验证之后再决定创业，不仅成功可能性增加，即便最终失败了，也可以说倾尽全力，无怨无悔了，对吗？

| 案例八 |　大家亲

最后，大家喜闻乐见的相亲项目闪亮登场了，这是一个父母为子女相亲的应用，获得极客投资100万元投资。

逼婚可能是很多人痛苦的回忆，很多父母已经不满足于逼着子女相亲这么间接，已经开始撸起袖子直接替子女相亲。

在很多地方的公园里就有这样的相亲角，人潮涌动。

这个火爆的线下场景，如今终于有了线上 App，而且还拿到了融资，叫作"大家亲"。

产品逻辑有点复杂，为了防止大家看乱，我慢慢说。

第一，这是一款相亲软件，但是用户不是要相亲的男女本人，而是他们的父母。

第二，父母注册好之后，开始填写资料，但不是他们自己的资料，而是他们子女的，比如性别、身高、收入、有没有房、有没有车、离没离过婚。

第三，把资料填好后，就可以去寻找自己中意的相亲对象了。当然，是给子女的，所以是招女婿或者找儿媳。

第四，一旦看上了一个不错的小伙儿或者姑娘，就可以点击"聊一聊"，和对方谈谈。但是，注意这可不是跟小伙或者姑娘本人谈，而是跟他们的父母谈谈。

总之，这款软件最大的特点就是能让用户开心地鼓捣不属于自己的生活。这下厉害了！我觉得宣传语可以是："虽然我搞不定你，但是我能搞定你妈！"

我看到这款软件融资信息的时候，简直惊为天人，第一时间决定下载来用用。但是发现竟然没有苹果版本的！好不容易借到一款安卓手机，下来一看，发现 bug（漏洞）特别多，使用流程也不顺畅，有些按钮根本点不开。

这种情况八成是创业团队急于融资，所以找了个外包团队做了个 demo（即企业项目的一个简单模型）应付。所以，在此提醒创业团队，产品千万别找外包，要不你迟早还得自己重做一遍。

软件水平放到一边，项目切入点还是挺稳的。首先，婚恋市场是刚需，也是红海。但是红的是"自己相亲"这片海，给子女相亲的这片海还是很蓝的。其次，老年人还是比较有消费能力的，根据保健品行业的经验，只要地面推广客服做得好，掏钱不是什么难事儿。最后，只要能把这部分目标人群吸引过来，后面变现延展空间还是很大的。讲良心的可以继续往婚庆方向深挖掘，如喜服、喜被、喜烟、喜酒；不讲良心的可以就此转型，卖保健品、按摩仪、养老地产、保险，这都是优质客户群。

这款产品最大的隐患是：相亲发起人是父母，但相亲执行人是成年子女，两者完全脱节，甚至还有一定的抵触情绪，所以成功率有多大也是个问题。如果用户总是无法通过产品达到自己的目标，用户粘性必然会下降。毕竟，逛公园里的相亲角，即使相亲不成，也可当是逛公园了，但 App 可就不一样了。

参 考 文 献

[1] 林毅夫，李永军 . 中小金融机构发展与中小企业融资 [J]. 经济研究，2001(1):10.

[2] 张杰 . 民营经济的金融困境与融资次序 [J]. 经济研究，2000(4):3.

[3] 张捷 . 中小企业的关系型借贷与银行组织结构 [J]. 经济研究，2002(6):32.

[4] 刘振 . 浅议如何破解小微企业融资困境 [J]. 时代金融，2013(6):144.

[5] 田晓霞 . 小企业融资理论及实证研究综述 [J]. 经济研究，2004(5):111.

[6] 尼尔格雷戈里，斯托伊安塔涅夫 . 中国民营企业的融资问题 [J]. 经济社会体制比较，2001(6):51.

[7] 李艳 . 浅谈中小企业融资困境和对策 [J]. 经济研究，2009(3):50.

[8] 梁冰 . 中国中小企业融资状况调查报告 [J]. 企业家信息，2006(1):113.

[9] 魏守华，刘光海，邵东涛 . 产业集群内中小企业间接融资特点及策略研究 [J]. 财经研究，2002(28):53.

[10] 蔡利，彭秀青，王玲，等 . 创业生态系统研究回顾与展望 [J]. 吉林大学社会科学学报，2016, 56(1):5.

[11] 蔡莉，崔启国，史琳 . 创业环境研究框架 [J]. 吉林大学社会科学学报，2007, 47(1):53.

[12] 林毅夫，李永军 . 中小金融机构发展与中小企业融资 [J]. 经济

研究，2001(1):13.

[13] 李志.银行结构与中小企业融资 [J].经济研究，2002(6):38.

[14] 张杰.民营经济的金融困境与融资次序 [J].经济研究，2000(4):6.

[15] 林强，姜彦福，张健.创业理论及其架构分析 [J].经济研究，2001(9):86.

[16] 张东生，刘健钧.创业投资基金运作机制的制度经济学分析 [J].经济研究，2000(4):38.

[17] 王府井.王府井集团股份有限公司2015年年度报告 [EB/OL].[2016-06-30].http://wenku.baidu.com/link?url=93beOPLMZQVbDxJMsCQkhn0n9AKQ-CVUxTJBUDz7_p5LuPTheJRQQrK8mdldeU2Znu8-GesQeOYAZ7QP_0C3FYzW0x6mfgxEWtM1v4m4hOa.

[18] Alibaba Group. September Quarter 2015 Results[EB/OL].[2015-10-27].http://www.alibabagroup.com/en/ir/presentations/pre151027.pdf.

[19] 周涛.阿里2015财报：净利润同比增长 23.72%[EB/OL].[2015-10-09].http://tech.sina.com.cn/it/2015-10-09/doc-ifxirmpz8175536.shtml.

后 记

　　笔者这几年来一直从事创业辅导工作，辅导的创业团队不下 1000 支，很多团队产品做得很好，但是不善于表达，也不善于和投资人打交道。为了让创业者更加容易融资，降低融资的门槛，笔者特地撰写了本书。

　　首先，本书从融资的基础知识开始，向创业者介绍了企业股权的入门知识。很多创业者虽然希望融资成功，但是连融资最基本的知识都不太了解，自然在融资的过程中困难重重，甚至不免吃亏上当。

　　其次，本书为广大创业者分析了投资人的投资逻辑，很多创业者只关注自己的项目，从不站在投资人的角度考虑问题。但古话说，知己知彼，百战不殆。创业者不仅要了解自己，更要了解投资人，这样才能更好地与投资人打交道。

　　然后，笔者更进一步地为创业者介绍了如何撰写商业计划书、如何建立具有可爆发性的商业模式和如何进行融资路演，这也是笔者在为创业团队服务中最常辅导的三节课程，三个章节相互独立，又相互关联，相互支撑，对于创业者融资也最为重要。

最后，笔者向创业者介绍了几家知名的 FA 机构，希望创业者可以借助外力加速自己的融资；同时也为创业者分析了部分融资成功的创业项目，希望能够为创业者提供借鉴。

总之，创业者在创业的道路上，每一步都走得非常艰难困苦。笔者也曾创业，对于创业者的苦楚非常了解。为此，笔者希望能够通过本书，帮助创业者走得更快、更稳，也希望创业者在创业之路上不再感到孤单。

每一步向梦想的迈进，都值得赞美！

华章经管

HZ BOOKS

华章经管的LOGO，诞生于1998年。寓意一本打开的书，一扇开启的门。采用蓝色调，寓意通向知识的海洋。白色的镂空部分，远远望去，是一个阿拉伯数字1，配以渐变的横条，是希望读者沿着知识的阶梯，永攀高峰。

华章书院是华章公司旗下的读书会品牌，依托华章公司强大的作译者平台以及会员平台，每年都会举办10~15期读书会。读书会阅读的图书，主要集中在商业领域，比如：经济、管理、财务、金融、投资、营销等方向。同时邀请来自国内外商业领域的顶尖人物做客华章书院，如：约瑟夫·斯蒂格利茨、菲利普·科特勒、艾·里斯、杰克·特劳特、吉姆·罗杰斯、柳传志、陈春花、张瑞敏等等。

关注华章经管独家合作微信平台"管理的常识"、"经济的常识"可获得免费参与华章书院活动的资格。

让知识触手可及，让工作与学习更高效　　用经济解释我们的生活